怡君小姐惠存

請正之

振洲題贈
2012. 6. 18

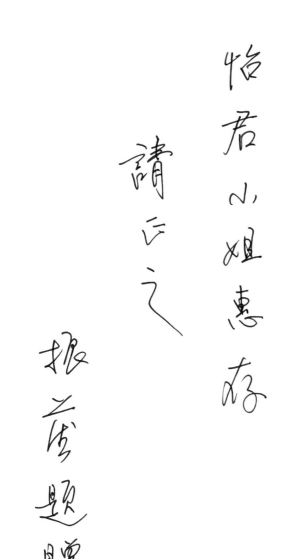

識相

第一本結合面相與體相的識人祕笈

朱振藩◎著
朱丹玥◎內頁繪圖

目次

第二篇 體相——進一步的深層觀察

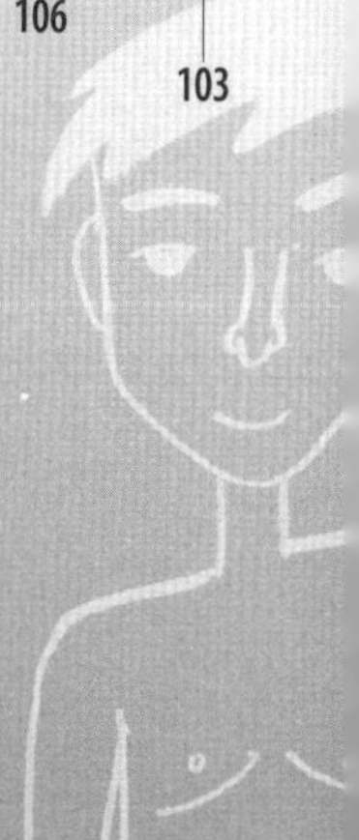

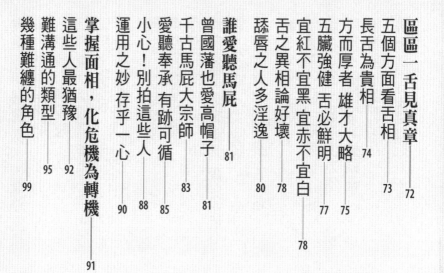

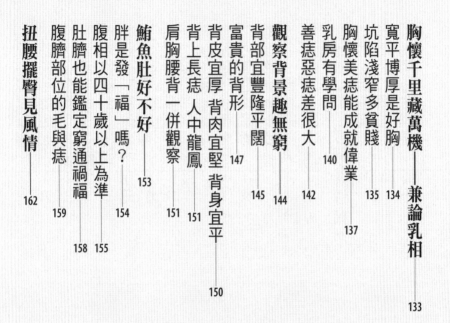

第三篇　肢體語言露玄機

第四篇　知人善用看這裏

推薦序

於是我們才終於知道

悠遊卡公司董事長
劉奕成

在生活中，在工作上，常常有機會遇到形形色色的人。有些人彼此相談甚歡，有些人一見面就話不投機，說不上來什麼地方怪。曾以為那是緣分，深淺各有不同。看完朱老師的大作，於是我才終於知道。

於是我才終於知道。所謂「一見鍾情」，或是「相見恨晚」等等，其實是因為我們在初見每一個人的時候，就不由自主地看起了面相。而的確「相由心生」，每個人的「相」反映著那個人的心理狀態。所以我們看到某個人的「相」覺得怪怪的，卻又說不上來，那就是我們用未經訓練琢磨的素人面相術在判斷一個人。

過去幾十年間，在生活上找伴侶，或是在工作中挑選夥伴，常常遭遇到不必要的問題，往往誰又為誰傷了心。當時我就覺得，如果自己也懂一點命理該多好。如果當初對面相有一點最基礎的瞭解，今天不會是這樣。回想起來，直呼可惜。如今有了這本書，不敢說是熟讀唐詩三百首，不能作詩也能吟，但是可以說：如今我才終於知道。

朱振藩老師是命相書畫及美食三絕，造詣之深，從平常談吐就可略窺一二。最為人熟知的是朱老師在美食上的工夫，他也是台灣不折不扣的天字第一號的「美食達人」。其實，朱老師對命理的涉獵根柢，可能是最廣最深的。這個領域的門檻高，大部份人難以一窺堂奧。這次朱老師用深入淺出的字句，以及生動活潑的插圖，讓有興趣的讀者，終於可以輕鬆的瞭解。

這本書是朱老師為了許多他認識的人所寫的，因為他曾經看到我們徘徊在如何認識人，也看到我們徘徊在人與人之間的關係。看到我們如何一次又一次的重蹈覆轍，慨嘆自己「識人不明」，而遍體鱗傷，或是扼腕「有眼不識金鑲玉」，錯失大好良機。看了朱老師的書，於是我才終於知道，原來，前人遺留下來的智慧，並非毫無道理的，自然間有些法則，是可以被解密的。原來，有更簡單的方法可以讓自己在最有限的無參考背景資料下，從眉宇、從精神、從情態，更準確地去解讀每一個人。

然後我才知道，原來相術並非等於迷信，而更像一種「統計學」。在本書，有古老傳承下來的結論，有朱老師綜覽群書的心得，有現代科學的佐證，更有朱老師在生活中對每個獨特個體的深刻體悟。畢竟並非每個人都戴上京劇的臉譜，清正廉潔、急公好義、心術不正、奸詐陰險讓人一目了然。但透過朱老師的書，細細的將每一張臉分門別類，列出一套公式，並透過生動的文字及圖畫，道出每一張臉背後，每一段精采的故事。而此種種體會，唯有讀後，我們才能知道。

然後我終於知道，也許這本書不會告訴我晚年有幾億的身價，但我對「人」的瞭解，從第一步接觸開始，有了比別人更好的起步點。遇奸，知道必須有所保留；遇正，則知可多方交往；遇賢，則禮遇請教。

曾經有一位長者對我說，一個成功的人要有「自知之明」及「識人之明」，知道自己能做什麼，並知道別人能幫你做些什麼。前者，端看自己的修養體會，但後者，不一定要經歷險峻的惡鬥，不一定要繳交昂貴的社會學費，也能學習。而對我來說，朱老師的這本書，便像一本識人的武林祕笈。

於是讀者不必像我一樣浩嘆「然後我才終於知道」。現在只要看一看這本書，馬上就可以知道。

作者序

識相真管用

源自中土的相學，包羅萬有，源遠流長。除現在仍盛行的手、面相外，舉凡身體、骨骼、舉止、形態、氣色等，皆可入相，不但一應俱全，而且殊途同歸。其理論之多元，著作之豐富及運用之巧妙，尤令人拍案叫絕，歎為觀止。

當我十五歲時，有天閒逛書店，發現一本相書，雖薄薄百餘頁，看上去不起眼，但逐頁細讀後，卻越讀越有趣，捨不得放下來。一口氣讀完它，竟站了五小時，已渾身僵硬矣。從此之後，得相書便讀，略窺其堂奧。

朱振藩

過了幾年，曾和友人閒步新公園（今二二八公園），見一老相士為人看相，自號「蘇靖山人」。我見其狀貌，藹然似仁者，兼且雙目炯炯有神，便問他是否為江蘇省靖江縣人氏？他笑稱是，問我可是小同鄉？我再舉「朱立」之名，問他是否聽過？他答：「此人為全縣第一書法名家，看你年紀輕輕，怎會認得？」我則告以：「他是我大伯父，年紀比我大上七十歲。」他為之肅然起敬。我乃請他看相，他一條條寫滿紙上，其中有些字句，引用古人的話，以後多有應驗。我日後之所以苦苦鑽研古相籍，即以此為開端。

又，讀大一（註：輔仁大學法律系法學組）時，在學校的園遊會上，本班依規定設攤位。死黨曹宗彝建議在旁邊擺個算命攤，眾人附和贊成，只好硬著頭皮，勉強披掛上陣，以看手、面相為號召。或許我斷得甚準，排隊掛號等候者，居然大排長龍。一天下來，所得超過全班，能相之名，傳遍校園各地。於是一些想知道命運的人，無不想方設法，透過熟人引介，以請吃飯酬謝，地點我說了算。經過如此互動，實戰經驗至豐，是以短短四年中，閱人竟極眾，而「半仙」之名，亦不脛而走，更看過不少校外及社會人士。

而我在相學上的最大突破，始於大三那年，先後熟讀『人倫大統賦』及『冰鑑』這兩部鉅作，內容其實不多，篇篇幾可成誦，玩之既久，日漸通曉，常有所得。待紮下根基後，兼讀古今著作，其中受益尤深者，乃一代相學大師樓紹棠所編著的『相學通鑑』。這部書總共精裝五大冊，圖文及列表俱茂，貫串文史，出入中西，可謂集相學之大成。取此為佐，如虎添翼，日夕揣摩，更識其妙。

在往後的歲月裡，開過命相專欄，也曾著書立說，既授課於大庭廣眾之下，亦開講於私塾之內，從學甚多，略有心得，斆學相長，受益匪淺。只是自己善相之名，後為飲食所掩，曾在講授面相課快結束時，在座舉手提問，問我是否便是那擅寫飲食的朱振藩？我即莞爾一笑，回道：「是的，沒錯。如有飲食方面的問題，我也可以一併解答。」哄堂大笑而散。

其實，奧妙無窮的相學，古今觀點，大異其趣。古人所析論的，大部份是窮通、壽元、福分、災厄等，一言中的，可以慢慢體會。今人比較直接，所想要知道的，無非是事業、婚姻、感情、健康這些更切實際的事情，漫無邊際，多多益善。於是相人者夸夸其談者有之，妄斷臆測者有之，甚至滿口荒唐言，讓識者廢箸而歎。

在此，謹將一得之愚，野人獻曝一番。畢竟，相學或相術是歸納法，要想演繹出結果來，必須學有專精，經過反覆推敲，或可看出名堂，加以妥為運用，達到知人識人進而用人的目的。如此，不僅有益於國計民生，也能安身立命，對人世間的事兒，舉措得宜，盡善盡美。

另，本書的插圖，皆為愛女丹玥所繪，稚子丹庠從旁協助，內子蕙明引導善誘，終而一一呈現，在此一併誌謝，希望您會喜歡，是為序。

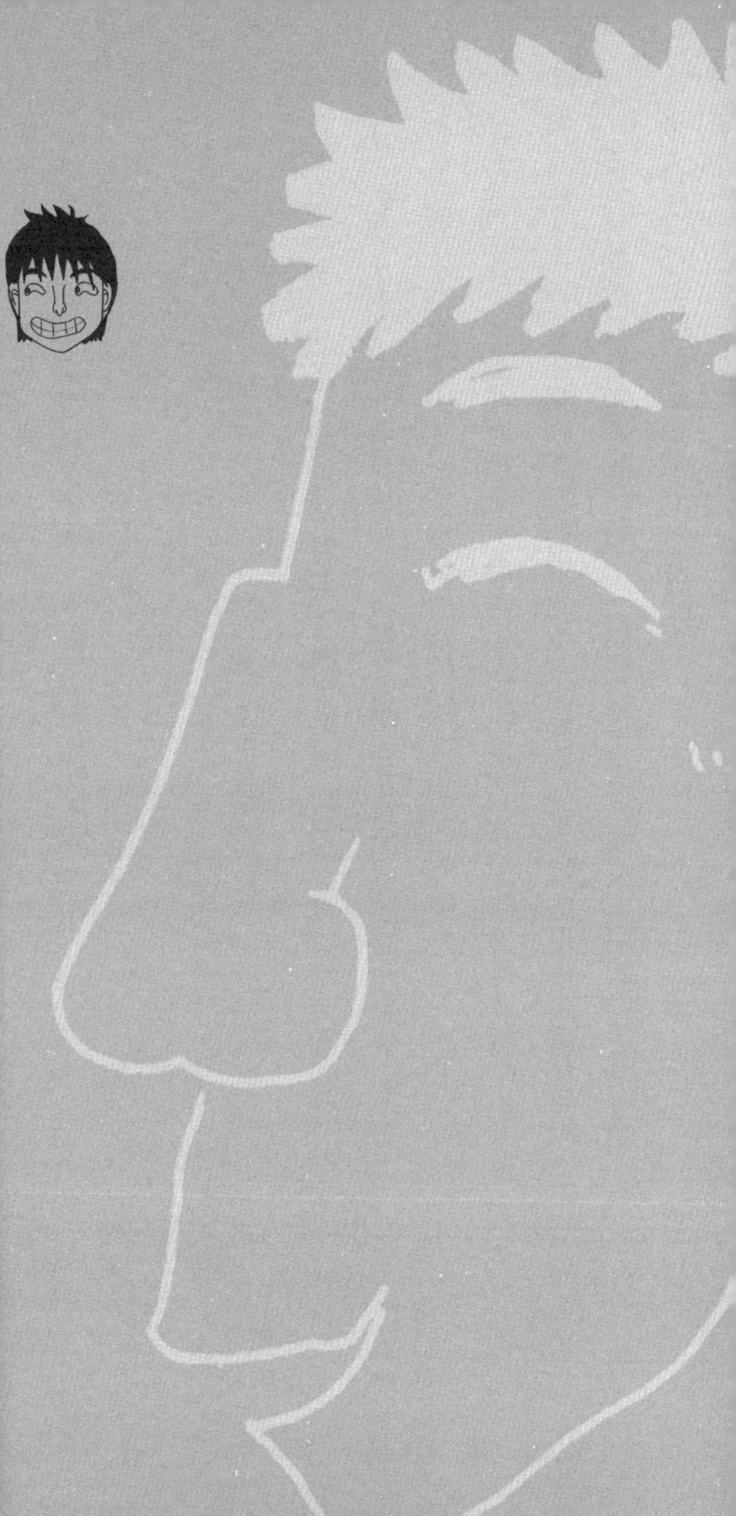

第一篇

面相——最直接有效的觀人術

記住特徵，趨吉避凶

憑感覺與人交往，經常也有看走眼的遺憾。
要看對人，是有跡可尋的。
觀眼、觀耳、觀鼻、觀口，詳實判讀，
必能體會哪些人可以放心交往，哪些人應有所提防。

我們現在所處的是一個經濟繁榮、瞬息萬變的工、商社會，訊息充斥，節奏快速，遠非昔日單純、緩慢的農業社會所可比擬和想像。在忙碌和緊張的生活中，一切以實用為前提，以功利為優先。人們不再像過往一樣，由交往而相識，再由相識而相知，從經年累月及循序漸進之中，去建立起相知相契的情誼了。因此，我們這些現代人處在此一複雜多變的社會中，如何藉由一個簡捷、可靠而又實用的方法來增進人際關係，的確是相當重要的課題。

隨時隨地掌握他人身心的祕密

從各種科學或玄學的方式來探討人際關係的，計有血型學、手面相、紫微斗數、八字（子平術）、《皇極經世》（又稱鐵板神術）及西洋占星術等不下十餘種。其中，目前流行的占星術可繁可簡，不好拿捏；血型學未免粗疏；紫微、子平及皇極三者，則要知道對方出生的年、月、日、時，在打聽上比較麻煩；而手相也得等對方將手伸出來，才能看出些名堂來；均有不便及不周處。唯有面相得天獨厚，由形狀、氣色及舉止便可察見一個人身、心上的祕密，而且只要仰觀即足，不需其他資料，既可使對方無所遁形，又能立刻掌握時效，無疑是最直接又最實際的方法，絕對值得閣下用心體會，並努力加以學習。

面相學是從相馬術演變而成的一門學問。在經過幾千年的研究與歸納後，自成單元，另成體系。然而，古人所重視的是富、貴、貧、賤和智、愚、賢、不肖，重結果而少探究原因。江湖術士便藉此大發謬論，甚至用來騙財騙色。影響所及，群斥之為「迷信」，眾謂之為「妄語」，致使面相學隱而不彰，人人視為「畏途」。在近代哲人盧毅安、陳淡埜、袁樹珊等人的推動下，開始去探討形成的原因及個性的由來，進而推演其中人際關係的變化。從此面相學才脫胎換骨，成為一種既實用又科學的觀察術。

以下就將面相上與人際關係較有關的特徵，約略分成八類（眼、耳、鼻、口、眉稜骨與反骨、燕頦與M額及高顴、臉上的三道溝、以及面相上極容易驗證的幾項特徵），逐一向諸君仔細解說，希望各位在閱畢之後，能對自己的人際關係有所改善與幫助。

眼睛是重要線索

在一個人的面相中，最重要的就是眼睛。眼睛是靈魂之窗，最能透露出一個人的心事，凡是喜、怒、哀、樂、怨、恨等種種情緒變化，無不可由此中瞧出端倪。所以，孔子說：「觀其眸子，人焉廋哉！」孟子也說：「存乎人者，莫良於眸子。眸子不能掩其惡。胸中正，則眸子瞭焉；胸中不正，則眸子眊焉。」《冰鑑》上更明確的指出——「一身精神，具乎兩目。」可見只要掌握得住眼睛的形狀及神情，即可對一個人做出正確的評斷，得其十之八九。

古相書中記載著「視遠者智，視下者毒，視平者德，視專者狠，視反者賊，視流者奸，視注者愚，視斜者陰，視睞者妒，視歉者愧。」就是一個很好的參考資料。大抵一個人目光炯炯有神，必定身強體健，意志集中，記憶力強。一旦光是緊盯著東西或人看，就有兩種可能，一個是生性狠，另一個是天生笨；前者欲有所為，後者無所事事。這兩者當然要細加分辨，如稍有閃失，就會「差之毫釐，失之千里」了，誠不可不慎。

1. **蜂目**：相法上所謂的蜂目，就是眼睛大而凸出的意思。有訣云：「蜂目豺聲，決不善終。」（按：眼睛暴露、聲如破鑼，相中術稱之「雙帶

蜂目：雙眼突出，易口無遮攔。

煞」，主死於牢獄之中。）又云：「睛凸如蜂目，亦主刑傷。」可見突出的眼球，實在未見其好，只見其惡。但眼球何以會向前凸呢？根據研究指出，大抵有三種情況——

一是由於近視的關係，導致水晶體向前突。二是話說得太多，使得眼球後面的說話神經（又名灰色小體）發達，而推動眼珠向前突出。三是因性能力特別旺盛，故眼睛內前、後房水特別多，勢如汪汪，於是眼球泡泡然地向前突出，此在相法上又稱為「桃花眼」。

以上三種情形，第一種可以撇開不談；第二種情形的人則是口無遮攔，俗云：「禍從口出。」又云：「言多必失。」諸君須知「來說是非者，便是是非人。」見凸眼而為此，實不可掉以輕心；最後一種情形的人，其特點是好色貪淫。就此點來看，與這型上司、客戶在一起，如欲有所圖，可以投其所「好」，如不想敗德喪身，最好是「保持距離，以策安全」。

2.雌雄眼：兩眼水平而大小左右不一，就叫做「雌雄眼」。通常眼大者比較熱情開放，能寬廣視野；眼小者則較為謹慎保守，能明察秋毫。兩者配合得宜，自然是能攻能守，收放自如。這種人頗有才華和野心，行動積極進取，精於世務，嫻熟行規，在事業上很能有一番作為。女性除有上述情形外，對愛情追求，在作風上顯得積極主動，再加上醋意又濃，直讓男士們受「寵」若驚。另有一種說法是——男人左眼小的懼內，右眼小的剋妻（此是指他的妻子要為其操心又操勞），女性則剛好相反。我們可仔細端詳周遭的人物，說不定看了以後，會有原來如此的感覺呢！

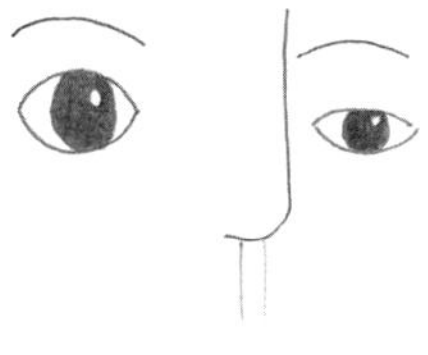

雌雄眼：眼睛一大一小，充滿著企圖心。

3.三角眼：所謂三角眼，就是上眼皮的前段上升，後段陡然下滑，形成直立的三角形狀。具此眼者頗多。《麻衣相法》上說：「**三角有光，賊性難防。**」可能由於這句話，造成大家對凡有三角眼的人，難免心有餘悸，特意提

三角眼：上眼皮的前段上升，後段陡然下滑，形成直立的三角形狀。此人個性狠，眼光準，有謀略。

防，深恐有失。其實，三角眼的人頂多個性較狠，城府較深而已，大可不必一竿子打翻一條船。要知道必須眼睛內滿佈紅絲再加上眼珠亂轉，才構成有狼子野心的性格——奸詐多端，假仁假義。如果他的雙眼視正而嚴，則多為忠義之士，其心雖狠，但敢為人所不敢為，而且除惡務盡。如再配上兩道秀麗而昂揚的眉毛，反能以富貴揚名。這點倒是請諸君務必分辨清楚，免得自以為一眼望「穿」，實則誤會了對方呢！

4.重瞳：讀者千萬別以為重瞳就是兩個眼珠子，要是真有這種奇人異士，豈不列入世界奇觀？大致來說，另一「瞳」是指在眼白（虹彩膜）裏的大黑痣，使人以為另有一個黑眼珠。有此眼的，非但有不臣的野心，而且刻薄寡恩。歷史上最有名的三個重瞳人，分別是舜、項羽及朱友孜。禪讓政治原是歷史神話，只是儒家託古改制的政治理想罷了。實則舜是在掌控情勢後，堯不得不讓，結果大禹如法泡製，且將舜流放至湘南。項羽在殺楚義帝後，大失人心，又對有功將領捨不得封賞，最後兵敗烏江，自刎而死。朱友孜更可笑，他是後梁太祖朱溫之子，他老兄

重瞳：眼白裏有大黑痣，絕頂聰明，常不按牌理出牌。

因目有重瞳，「嘗自負當為天子」。末帝朱友貞即位後，友孜為謀寶座，乃派遣刺客入宮中行刺，也是命中該絕，末帝半夜忽醒，一把抓住刺客，遂將朱友孜賜死。說真的，有重瞳的人絕頂聰明，只是不走正途，不循常規，奉勸閣下最好少與此輩往來，才能明哲保身。

5.狼顧：這是個大異相，等閒不易見到。按：狼性怯，每前走輒反顧；狼性又狠，噬人必盡其骨髓。相人學上謂人於反顧時，其身不動者，稱「狼顧」。有此相的人，常懷殺人害物之心，殘忍狠毒，實令人不寒而慄。細數歷代人物，具狼顧之相最著名的仁兄，當推司馬懿了。《晉書·宣帝（司馬懿廟號）紀》：「魏武（曹操）察帝有雄豪志，聞有狼顧相，欲驗之，乃召使前行，令反顧。面正向後而身不

狼顧：回頭看時，頭回顧而身體不動。此人性狠心毒，不擇手段。

動。」這種腦袋可轉一八〇度的人，不留意是無法看出來的。不幸碰到，而又察覺不出，其後果絕對不堪設想。

鹿耳和鼠耳

其次，我們就耳朵這一部分來觀察。

1.鹿耳：根據《耳譜》的解釋，鹿耳的特色是「狀如蓮瓣，紅潤鮮明，耳門寬大，有廓（耳朵的內環）無輪（耳朵的外環）。」具有這種耳型的人，多半聰明而善良，最重友誼，胸無城府，不很重視物質生活，缺乏金錢觀念，永遠不會有固定的經濟基礎，往往早晨尚是腰纏萬貫，說不定晚上已是一文不名了。高適詩中的「一擲千金都是膽，家徒四壁不知貧」，便是其最好的寫照。通常他的一生流動性很大，起伏也不小，而其「願車、馬、衣、裘與

鹿耳：狀如蓮瓣，顏色紅潤鮮明，耳洞寬大，有內環無外輪。揮金如土，散財本事一流。

朋友共，蔽之而無憾」的作風，更常將自己弄到兩手空空、四壁蕭然的地步。但他老兄對朋友固然是出手闊綽，揮金如土，然而，他也會照樣去煩擾朋友的。此是清奇之格，每能聲名遠播，甚至流傳千古，只是做為其妻、子或朋友的，未免就「苦」不堪言了。

2.鼠耳：它的特色是尖薄短小又無輪廓。這種耳型最不足取，真是「鼠輩何足道哉」！有此相的人生性多疑，其所以如此，完全是自卑感在作祟。為了保護自己，便對他人處處設防，唯恐出了差池。而其既鄙吝又卑劣的作風，實讓人覺得猥瑣不堪。他生平最大的快事，就是積蓄，故喜貪眼前之小利小益，竟至常起偷盜之心。

在此奉勸諸君，見到這群「鼠輩」時，還是敬而遠之吧！免得自找罪受，自陷困境。

鼠耳：耳尖薄短小又看不清楚內外輪。此人生性多疑，貪小利，不可靠。

袋鼻、鷹鼻與蒜鼻

接下來，要談的是居面部中央的鼻子。

1.袋鼻與鷹鼻：這兩種鼻型相近，皆需由側面去觀察。袋鼻是鼻樑呈弧形，鼻尖（準頭）略作勾狀向下，蘭台、廷尉（即兩側鼻翼）吊向上方，雄強有勢，始足以稱之。鷹鼻則準頭更尖削，其狀酷似鷹嘴。前者又稱「商人鼻」，西方人管他叫做「猶太鼻」，大概是猶太人善於經商者居多之故。此種人善於經營，長於理財，精打且細算，刻薄又慳吝，難怪金銀山積，富甲一方。後者又號稱「鷹勾鼻」，常見阿拉伯人有此鼻。此輩更非等閒，不僅唯利是視、冷酷無情，兼且陰險厲害，手段殘忍。少和此等人打交道，應是趨吉避凶的最佳方法。如因迫不得已，非得兵戈相見，那也只有唯「力」是視了。

2.蒜鼻：此鼻的特色是準頭豐隆，從山根（兩眼之間）順著鼻樑而下，秀美修長，看過去好似一串蒜頭，故以此名之。具有此相的人，為人正

袋鼻：鼻樑呈弧形，鼻尖略作勾狀向下，兩側鼻翼吊向上方。精打細算，長於理財。

鷹鼻：鼻尖更尖削，狀似鷹嘴。此人唯利是視，冷酷無情者多。

蒜鼻：鼻頭豐隆。講信用，財運好，人緣佳。

派，個性隨和，講究信用，誠實敦厚。財運每出奇的好，雖不是橫發一時，但也終身富饒，不愁吃穿。《麻衣相法》上說：「**準頭豐大心無毒**。」《靈山秘訣》也說：「**豐隆圓大，忠信仁慈**。」這種人絕對是值得深交的朋友，也是可以放心託付的屬下。

劍鐔與鳥喙

再下來，我們所要討論的是言語出來的管道——口。

1.劍鐔口：「劍鐔」即劍柄隔手處之環。古劍之鐔，多作覆盃狀，寬厚方正。凡口型寬厚方正一如劍鐔之狀的人，重道義，有信守，溫和敦厚，光明正大。不僅能做為閣下的良師益友，甚至可共患難，託死生。古時帝王挑選近臣，此為少數要件之一。只是具此口型之人，求之於當

劍鐔口：口型寬厚方正如劍鐔。是重道義，講原則，敦厚之人。

世，已不可多得。有幸而遇此，豈能平白錯過？《人倫大統賦》上說：「同劍鐔者，義士可與交歡。」即為明證。

2.鳥喙：鳥喙的特徵是上唇較闊，伏蓋下唇，尖而突出（由側面觀察）。如能再佐以其他好的部位，簡直貴不可言。口型如鳥喙者，是智慧極高、城府也極深的人，忍耐功夫一級棒，領導能

鳥喙：上唇較闊，伏蓋下唇，尖而突出。此人有智慧，城府深，善領導。

力更不是蓋的。平常做事不動聲色，令人搞不清葫蘆裏賣的是什麼膏藥。而其富謀略，敢決斷，能夠高瞻遠矚，意志尤為堅定，遠非常人所能望其項背。所以，就其個人來說，頗能在驚濤駭浪之中，履險如夷，成就一番偉大事業。但此人太過理智，幾近冷酷，其自私心和嫉妒心又太重，因此，每過河拆橋，忘恩負義，而「狡兔死，走狗烹，飛鳥盡，良弓藏」，更是他的拿手絕活。據《吳越春秋》上的記載，越王勾踐就是這種口型。他的謀士范蠡曾評斷他說：「長頸鳥喙，可以共患難，而

不可共處樂。可以履危，不可處安。」范蠡能識相又識時務，當滅亡吳國後，便毅然辭去高官厚祿，浮海入齊，帶著美人西施跑去做生意了。大夫文種不理會范蠡的勸告，還妄想與勾踐共享富貴，結果被殺身亡，可謂咎由自取了。不幸而遇上這種上司，那閣下就得當心了，他「老人家」可是踩著部下的血跡前進；而有這種「朋友」的話，最好是其淡如水，「可遠觀而不可近『玩』焉」。

眉棱骨高與反骨

骨在相法上占有很重要的地位，現在舉二例以明之。

1.眉棱骨高：「棱」者，凡物凸出有角之謂也。這裏是指眉骨發達而高出的意思。大致說來，凡是眉棱骨高起的人，個性都很剛強。就好的方面來講，有遠志，好大言，勇敢而富自信。如就不好的那方面來看，就未免急躁善怒，不甘寂寞，不能從俗，舉手投足間，老讓人覺得「傲慢與偏見」兼而有之。有此相而善於運用的人，才會顯得有志氣，能擇善

眉棱骨高：眉骨發達而高出。勇敢富自信，傲慢帶偏見。

固執；否則，必予人「偏執狂」或「老頑固」之議。故有才華者，千萬不可恃才傲物，放蕩不羈，知其進而不知其退，成為溝通上的絆腳石，因而使人際關係大受影響，那就得不償失了。閣下若有此相的話，務請多讀書、多修養身心，才會成材成器。

2.反骨：相信看《三國演義》的人都知道，孔明在初見魏延時，便喝令將他拉出去砍了。劉備驚問其故。孔明答以「食其祿而殺其主，是不忠也；居其土而獻其地，是不義也。吾觀魏延腦後有反骨，久後必反，故先斬之，以絕後根。」蓋孔明所見的反骨，應是兩頤骨（下巴的兩側）向外橫張，如突出兩塊硬肉一般。俗稱此為「腦後見腮」。這種人精明厲害，極端地自私自利，處處只為自己打算。利字當頭時，管他什麼親情、友情，一概拋諸腦後，甚至忘恩負義，賣友求榮的事，照樣幹得出來。另一種反骨則是隱而不顯（因被頭髮覆蓋之故）的，那就是位於後腦杓下的玉枕骨，狀如連珠，雙雙豐隆而近上。具有此相者，性傲而犯上，易成亂臣賊子，據說安祿山就有此相。凡見到反骨之人，我們最好

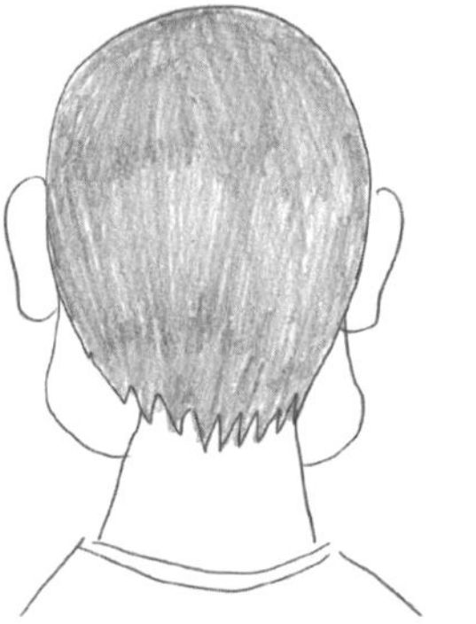

反骨：下巴的兩側向外橫張，如突出兩塊硬肉一般，即「腦後見腮」，此人每忘恩負義；另一反骨指的是，腦杓下的玉枕骨，狀如連珠，此人性傲而犯上。

的對策，不是將他列入拒絕往來戶，就是睜亮眼睛，小心為要。

燕頦、M額與高顴

緊接著要討論的就是面部下巴、額頭、臉頰顴骨上，三個很明顯的特徵。

1.燕頦：所謂「燕頦」，就是下巴的中央部位凹了進去，既像燕尾中分，又像極英文字母「W」的形狀。生有這種相的人不少，常在演藝圈看到，如寇克·道格拉斯父子、林青霞、周迅等皆是。此相的特點是感情豐富，能充分發揮自己的愛好，因而表現在藝術上，會有特殊創造力。又其對異性很有魅力，因此，一生的艷遇始終源源不斷。但他卻懂得拿捏分寸，權衡得失，不會因沈溺於愛情中，而影響到事業與聲譽。所以，在人際關係的運

燕頦：下巴中央部位凹陷像燕尾中分，像極「W」形狀。對異性有魅力，有藝術才華，能傾倒眾生。

用上，如能好好拓展其「傾倒眾生」的本錢，相信必可廣結善緣，無往而不利。

2.M額：具有M額而常在新聞媒體曝光的，當推前網球奇才，有「火爆浪子」之稱的馬克安諾。其額真似英文的「M」字母一樣地明顯。通常有此額的人，感覺敏銳，極有藝術、企畫及運動等方面的天分，脾氣好，但也容易任性。馬克安諾是網球界的奇葩，號稱五十年來難得一見的天才。他私底下樂於和人交往，常和球迷們打成一片；球場上倒變成另一個人似的，經常出現他和裁判大聲爭吵或用力摔拍的鏡頭，表現得判若兩人。閣下要是有此額，在脾氣發作前要冷靜些，千萬別太衝動，而把事情搞砸。而和這樣的人交往，就該了解他的習性，別去引他上火，而把場面弄僵，導致不好收拾。

M額：額頭呈明顯的M形。是感覺敏銳，有天分，較任性之人。

3.高顴：顴骨位在鼻子的兩側，代表著一個人社會關係的好壞、權力的大小與地位高低。顴高（即柄杓高到眼尾，止於鬢角）而張（向兩側橫張），且與鼻相得益彰，則是攻守俱佳的吉相。大致說來，顴高者活力流沛、元氣旺盛，身強體健，有進取心，一再想突破現狀，「好還要更好」，故有其積極可愛的一面。從前的相法認為，女子「兩顴高，殺夫刀」，因她會妻奪夫權且「旦旦而伐之」，試想有幾個男性能禁受得起。但現在時代不同，男女地位平等，女性在社會上參與各項活動，需要的不就是這種意志堅定，毅力十足的性格嗎？此姝事業心既重，又富有進取的精神，故能在男人世界占一席之地，如能再兼顧家庭，當然是個極好的幫夫相。為丈夫者，若有欣然接納的雅量，必然終身受用不盡。

高顴：顴骨柄杓高到眼尾，止於鬢角，向兩側橫張。精力充沛，富進取心，老想突破現狀。

臉上的三道溝

此外，臉上的三道溝洫，影響皆不容小覷。

1. 法令深長：法令在嘴巴的兩側，是從鼻翼向左右下方延伸的紋路，象徵著法制禁令，表現嚴肅的威儀，宜深顯秀長，謂之「得氣」。法令又稱為「壽帶」，愈長的愈長壽。法令紋深且長，這人的個性必然剛強正直、勇敢果決，赫然有威。但法令紋過於深刻，為人就變得墨守成規，他那守法重紀，一絲不苟的態度，著實令人吃不消。明人張潮在《幽夢影》上說：「**律己宜帶秋氣，處世宜帶春氣。**」希望有此相的朋友，能玩味其中的奧妙。此外，法令紋當然會因年紀大而加深，不過，年未三十而法令紋已深長者，以上的性格特別顯著。

法令深長：從鼻翼向左右下方延伸，位於嘴巴兩側的法令紋，若深且長，表示個性嚴肅，一絲不苟。

2. 人中短淺：人中位在鼻與口之間，成一條溝狀，從這兒可看出一個人的家世背景、子嗣及壽命。所謂短淺，就是距離甚近，形狀不顯。這種人比較現實，目光如豆，脾氣倔強，個性彆扭，常會勉強別人接受自己的意見，也喜歡變換工作。如職位不能晉陞時，更是牢騷滿腹。他渴望誇張，更喜愛受別人的恭維，即使是虛情假意的客套話，他老兄也甘之如飴，就像吃了「人參果」一般──「全身參萬陸仟個毛孔，無一處不舒服」。但對這種人戴高帽子，也要細加觀察，如果他肌膚細膩、文質彬彬，就該用雅緻的言辭去打動他；如果是皮厚筋粗、莽撞粗魯的人，最好快人快語，通俗直率的讚美詞兒，他聽來特別受用，馬上會對我們格外產生好感。要是我們不諳其中區分，貿然「拍」、「戴」，一旦馬屁拍到馬腿上，那就划不來了。此相人還有一個毛病，即是最討厭別人對他指摘，即使是善意批評、婉言相勸，他也不很領情喲！輕則不理不睬，重則怒髮衝冠。碰到此輩人物，最要緊的是「見人說人話，見鬼說鬼話」，才不會惹「火」上身，自討苦吃。

3.印堂闊狹：我們常聽人說到印堂發黑，這印堂位於眉心，亦即兩眉之間的方寸之地，又稱做『命宮』，是一個人的根本所在。它的闊狹是以食指和中指這兩個指幅來計算，超過二指者闊，不足一指者狹。印堂

人中短淺：鼻與口之間的人中，若距離甚近，形狀不顯，其人性格渴望誇張，最愛別人恭維。

印堂闊狹：位於兩眉之間的印堂，闊者度量大，一旦過寬，則無主見；太窄者，患得患失，舉棋不定。

闊的人，度量大，有如「宰相肚內好撐船」；一旦過寬，便缺乏主見，易信人言，好似牆頭草一般，東吹西倒，西吹東倒，再加上不怎麼計較，就常吃虧上當。太窄之人，就會猛鑽牛角尖，舉棋不定，患得患失，故每易貽誤事機。所謂「過猶不及」，印堂仍以中庸之道者為最宜。

山根藏有偷情線

最後，就面相上幾個最易驗證的特色加以說明。

1. 螣蛇入口：左右法令紋彎入嘴角而與口連接，相法上叫做「螣蛇入口」，主餓死。當然這餓死不光是指「**法令入口，鄧通餓死野人家**」或「**螣蛇鎖唇，梁武餓死台城上**」（按：西漢文帝時，名女相家許負就

螣蛇入口：左右法令紋彎入嘴角而與口連接，是餓死之兆。

說寵臣鄧通會餓死，文帝不信，乃賜予蜀道銅礦，得自鑄錢幣。鄧通遂腰纏萬貫，錦衣玉食，享用不盡。然而先帝寵臣每不容於新主，景帝登基，立刻下令收回國有。鄧通已過慣好日子，粗茶淡飯又吃不來，因此活活餓死。另南朝梁武帝蕭衍因大將侯景叛變，包圍首都南京，結果他老人家被困在台城上四十多日，無糧可食，也是給活活餓死）；但有此相者極可能是患腸胃癌或食道癌的徵兆（因得上述症狀者食不下嚥），故宜趁早治療，或恐有望挽回。

暗渡陳倉：兩眼之間山根所在的位置，若有薄黑之色橫繞，乃透露「不倫戀」的訊息。

2. 暗渡陳倉：這可不是指諸葛亮北伐時，乘魏守將郝昭病危之際偷襲陳倉城，而是指男女苟合。通姦者在面相上顯現得最清楚的有兩處，一在山根（即兩眼之間的所在），一在人中。若這兩個部位均浮現一條黑線，應是婚外情無疑。但觀察上仍以山根為主，人中為輔。山根如有薄黑之色橫繞，適有一條黑線連接左右眼角（左為夫座，右為妻座），不是「暗室偷香」，就是「紅杏出牆」。其所以如此，那是除配偶而外，另與第三者有染，進而發生超友誼行為，致不同之性荷爾蒙在體內作祟的緣故。如果這條黑線係明顯的一字紋，表示偷情行為仍繼續存在；如此線係呈山字狀，就表示從熱戀到分手的速度很快，倏然以來，翩然而去。由此實可窺知一項大秘密，只要你留心的話，是不難看出來的。

3.孤峰獨聳：名導演兼名角的伍迪艾倫，他那個特大號的鼻子，想必曾讓您留下深刻的印象。其實在臉上，鼻子一枝獨大，矗立如山，而四周的部位卻不怎麼明顯的話，就稱為「孤峰獨聳」。鼻子係自我意識的表彰，愈大則愈盛。諸君試想，一個人堅持己見，自以為是，又不能容納別人的聲音，還會有什麼人會樂與之交往。久而久之，豈不成為「海畔逐臭之夫」，只好「遺世而獨立」了。

4.婆娑眉：覆目軟柔的眉毛，稱為「婆娑眉」。這一眉型的人，缺乏剛

孤峰獨聳：若五官看起來僅鼻子一枝獨大，此人常堅持己見，甚至為反對而反對。

正的性格，感情脆弱，優柔寡斷，唯唯諾諾，望之似好好先生，實則是個無用之人。古人說：「百無一用是書生。」即指此輩中人。如果其眼神清秀，尚不失為才智之士，可以做個好幕僚，或是搞搞舞文弄墨的事業，但絕不宜獨當一面，出任艱鉅。如在承平時代，還可混個主管做做，要是在動亂之秋，想寄斯人以重任，讓他去扭轉乾坤，砥柱中流，無異痴心妄想。至於眼神昏濁之輩，那就更不足道了。更糟的是此眉配上高昂的眉稜骨，這種人最是色厲內荏之輩，誠如諸葛亮譏諷江東人物的話：「**坐議立談，無人可及；臨事應變，百無一能**」。此輩或許因緣際會，可以享有一陣子榮華富貴，但這種人於國家無任何建樹，於社會無任何益處，於友輩無任何幫助，只是個標準的「米蟲」而已。另有一說是：「眉毛婆娑，主得美妻」，諸位倒不妨印證看看。

5.破雁紋與柳紋：按鼻兩側的夫座、妻座到仙舍、香田一帶縱直紋的就叫做「破雁紋」，這是色難之相。此人在與異性交往時尤應注意，免得人財兩空。而在同一處的紋路岔開如柳條，就叫做「柳紋」，此是劍難

婆娑眉：眉毛軟柔者，優柔寡斷，易得美妻。

破雁紋：鼻兩側的縱直紋。此乃色難相，會有桃花劫。

之相。有此相者，不祇刀光劍影要小心，連四射的流彈也不可輕忽喔！

善用面相創造人際關係

從以上所介紹的這些面相特徵，閣下是否已發現研究面相的妙用實在不少。它既可以使我們更了解自己的個性，進而修身養性，提昇自我；又可以讓我們明白何種人可放心交往；何種人要處處提防；及如何去辨識良才，如何去尋覓良緣等等。這些都可以活用在日常生活上，只要能妥為運用，知己知彼，必可使我們的人際關係更加美滿，更臻完善。

諸君在工作時，經常要承上轉下，與上司、同事及賓客週旋，人際關係的良窳，實攸關一生之前途。所以，當我們學會面相之後，既可在處理事務上圓融成熟，利於工作的推展；也可在茫茫的人海中廣結善緣，擴大自己的生活面，更可擇良木而棲，擇良主而事；可謂一舉而數得。此外，在與人初見面時，趁端詳之便，還可用此為話題，使滔滔之餘，賓主盡歡，不也是很好的交際方法嗎？

柳紋：縱直紋岔開一如柳條，乃劍難相，易受無妄之災。

面相可分三等分

額頭的寬狹，可見智力的表現與青少年時期的運勢；
眼、鼻、顴、耳位居的中停，是心性的表露，也是元氣所在；
下停主老年運勢，透露一生努力的結果。

有位朋友問我，要怎樣才能在最短的時間內，看出一個人的生平梗概。

我告訴他，從「三停相法」便可由對方的臉上，輕易得知其個性、狀況與運勢，既能綜觀全局，又可一覽無遺。他則問：「什麼是『三停』呢？」

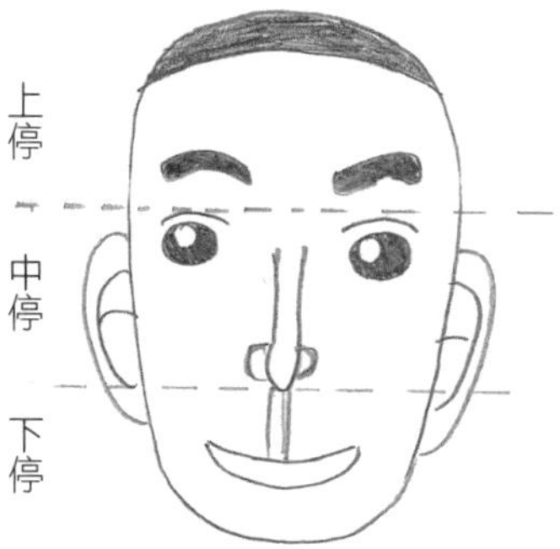

我答以——「三停就是將一個人的臉，劃分成三等分，依其位置，而稱為『上停』、『中停』與『下停』。上停起自髮際（即火星），止於兩眉之間（即印

堂）；中停起於兩眼之間（即山根），到鼻頭（即準頭）為止；下停則自鼻下之溝（即人中）起，而止於下巴（即頦，或稱地閣）。這三個部位等長而均勻，則一生的運勢起伏不大，恆在順境中，且衣食不缺。而這三停中，歐洲人認為上停代表智力；中停顯示氣力；下停表彰感情。但中國相法則以為，上停主長上，司初年；中停主自我，司中年；下停主晚輩，司晚年。這是中西相學的不同處，但其中仍有異曲同工之妙。」他聽得津津有味，接著我就將三停這三部位一一為他解說，好讓他進入狀況。

上停看青少年運勢

此部分以前額為主體，象徵「天」。凡寬廣者，多為思想高尚，舉止優美之人，長於理論。但如果一枝獨秀，過於發達（即比例太大），以致其他二停均顯狹小者，則迂於世事，無實行能力。其原因可能是父母太過呵護，也可能是成天空想，致身體多半虛弱，不適合生存競爭。若以此觀察智慧，則額的豐狹與智力的大小每成正比，故額狹勢弱，必智短才缺，少年運自然好不了。具體地講，上停代表祖上的遺傳、智力的表現，以及青少年時期的運勢。

中停是元氣所在

此部位以鼻子為主體，另有眼、耳、顴三者配合，象徵「人」。凡廣大者，自尊心強，自信自恃，性格強烈，敢於冒險，易滋傲慢，有「暴虎憑河」之憂。其運途非順，須篳路藍縷，披荊斬棘，方能成功，是一個以「力」取勝的人。如中停狹小，則此人唯唯諾諾，不敢吭氣，甚至遊情成性，實無可取之處。而在中停中，重要的部位是眼、鼻、顴、耳，

中停廣大：性格強烈，以「力」服眾。

中停狹小：唯唯諾諾，難成氣候。

【由顴骨的位置觀心性】

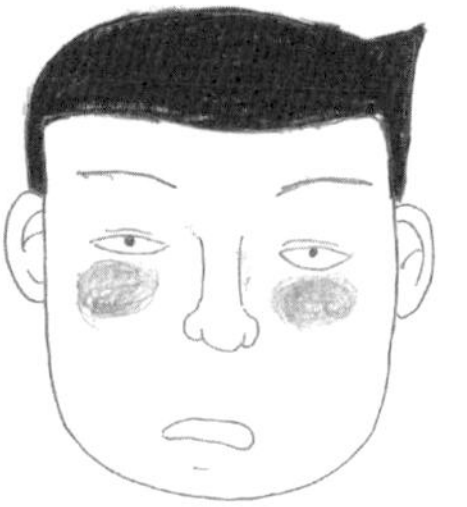

顴骨緊鄰眼睛：性強而急，可打頭陣。

近鼻樑：不夠開朗，觀念閉塞。

過於下墜：欠進取心，可能當個傀儡。

外張近鬢毛：愛管閒事，自以為是。

都是代表「元氣」的所在。

首先由占面積最廣的顴骨說起。顴位於鼻子的兩側，在眼睛之下。顴的形狀強而明顯者，其人元氣盛，精力強；向前突的，富進取，善攻擊；如向橫張，則多警戒，守禦佳。根據統計的資料顯示，男前突的多，女橫張的眾，兩性之間的差異，由此可見。顴骨的標準位置在眼尾下方二到三公分之處。緊鄰眼睛者，則顴與眼爭，個性強而急，多為先鋒官。過於下墜的人，則欠缺進取心，滿足於虛名假利，係傀儡之流。過於近鼻樑者，則心胸欠開朗，觀念閉塞，待人處事每乏熱誠。過於外張（近鬢毛）的人，好管閒事又自以為是，常「忘了我是誰」。至於顴上的肉，象徵著「幸運」，自然是韓信點兵，多多益善，必須伏蓋顴骨，才是上相。

和顴骨位置相當，相伴相鄰的部位，就是鼻子。鼻大顴小，謂之「孤峰獨聳」，其人必堅持己見，自以為是，成見很深，包容性差，很不容易溝通。如鼻小顴大，則稱「君暗臣明」（鼻為君，顴為臣），有此相者，多低聲下氣，聽令行事，少有主見，無法肩挑重任。大抵說來，鼻子分成鼻樑、鼻頭及鼻翼三部分。鼻樑宜端正，鼻頭須圓大，鼻翼要明顯但不能露孔。鼻樑如歪曲，性喜投機，尤好取巧，處事難期公平。如起節（凸起），易不認錯、不服輸，好強逞能，甚至為反對而反對。鼻頭圓大，是個可欺之以方的君子。如尖下，則是個殘酷成性、好行奸詭的小人。鼻翼大者，善理財。如鼻孔亦大，將長於投資，金錢大出大入，利盡東海。鼻孔如作朝天狀，必愛花錢，無法量入為出，再加上有長槍出現（鼻毛數根外露）的話，將更驗應。

【從鼻子看個性】

孤峰獨聳（鼻大顴小）：堅持己見，包容性差，不好溝通。

鼻樑有節凸起：好強逞能，很難認錯。

君暗臣明（鼻小顴大）：少有主見，聽令行事，難有成就。

鼻頭圓大：生性仁慈，不會害人。

理想的鼻型：鼻樑端正，鼻頭圓大，鼻翼明顯不露孔。

鼻頭尖下：個性殘酷，詭譎難防。

鼻樑歪曲：投機取巧，不循正軌。

鼻孔朝天、鼻毛外露：朝天天真，愛花錢；露毛則無法量入為出。

眼睛是「靈魂之窗」、「心之門戶」。觀其「眼之善惡，可知心事之好歹」，其重要性可知。通常眼大者膽大，富感性，敢作敢為；眼小者保守，講理性，謹慎不苟。上眼蓋呈圓形者，富機智，有城府，擅於經營。如呈三角狀者，則能忍人所不能忍，堅苦卓絕。瞳孔大者，喜歡安定，凡事按步就班。瞳孔一小，就愛變化，追求新鮮刺激。

至於耳朵，宜高過眉毛，較易揚名立萬。又宜輪廓分明，垂珠厚大，如此之人，方享厚福，吉人天相。更宜強硬，此為壽徵，如果摸之甚軟，就拿不定主意，信念容易動搖。換個角度，從其長相上來看，外露者是「招風耳」，其人感覺敏銳，觸角延伸四方，很會打探消息，情報運用靈活。如果緊貼臉上，謂之「貼肉」，這是出身良好之兆，得天獨厚。故《太清神鑑》上說：「**對面不見耳，問是誰家子？**」其艷羨之情，溢於言表。

下停見晚景榮枯

以下巴為主體，包含口、腮等部位，象徵「地」。下停寬者，愛情深。然而過於寬大，則情慾熾盛。太小的人，則難以體會家庭生活之趣，無法訓子馭下。下停這部位若生得勻稱而飽滿，必晚福無限，晚景榮華。反之，若長得尖窄偏陷，多數為貧困以終之輩，晚景好不淒涼。以下我們就這部位最緊要的嘴及下巴，略加討論。

嘴巴的主要功能，不外是言語及飲食。因「言語是心靈的畫像」，故嘴號稱為「心之外戶」。我們常聽人說起「嘴大吃四方」，這話大致上是不錯的。但同是大嘴巴，卻有高下之分。口大容拳而稜角分明，這可是出將入相的大貴格；如為女子，成就亦甚可觀，不僅「巾幗不讓鬚眉」，甚且愧煞枉為男兒身之人。可是大而無稜角者，雖無赫赫事功，但他老兄如非老饕，即是好吹法螺者流。不過，說正格的，能嚐盡天下美食，不也是人生一樂嗎？

如光看嘴角，也能瞧出些端倪來。嘴角朝上、狀似仰月者，多半樂觀，心情愉悅。如果嘴角向下，形如覆舟者，必為悲觀之人，生活在愁雲慘霧之中。倘若一個人老是抿著嘴巴，其個性必倔，不容侵犯，遇上這類人物，能化解就化解，千萬別貿然攻堅，徒然自討沒趣。

凡下巴豐厚圓大的人，優點是能得部屬的擁戴，缺點則是御下不嚴，易滋事端。而下巴方正、形勢雄偉者，必然強勢領導，統御有方，部下們唯命是從，不敢有違。至於下巴尖小者，殊無領導者風範，凡事事必躬親，無法分層負責，常常累個半死，自顧尚且不暇，又如何能號令屬下？即使風雲際會，得以躋身高位，肯定不能久長。下巴方闊者不嫌其短，其人耐力強，重現實，意志堅而富果斷，亦能獲部屬信任，大力支持。下巴凸出如戽斗的人，則自視甚高，善於擘畫經營，權謀是尚，一旦掌握住機會，必能善加運用，是乘勢之英雄，因時而起者也。

當然，嘴巴和下巴的內容，也是燦然可觀，不勝枚舉。以上所言，只是舉其犖犖大者，但可確定的是，下停這個部位，代表著努力的成果，生活是否安定及愛情的表現方式，還有晚年時期的運勢。

【下巴與性格】

下巴豐厚圓大：易受擁戴，御下不嚴。

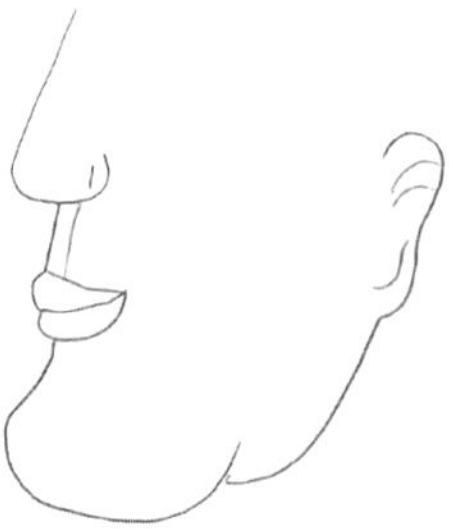

下巴凸出如戽斗：自視甚高，善於經營，手腕高強。

下巴方正：強勢領導，具統御力。

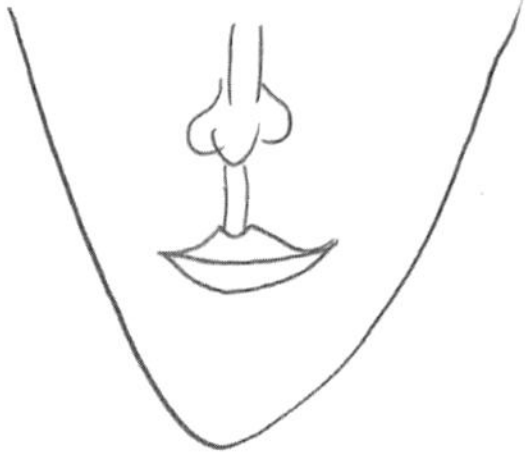

下巴尖小：凡事事必躬親，不會分層負責。

下巴方潤：意志堅強果斷，能獲部屬助力。

以上所言，雖甚粗淺，卻很管用。如能融會貫通、心領神會。在品評天下人物之時，當可探明來路，進而摸清底細，雖不重亦不遠了。

瞳孔與眼白

黑白分明的眼，是清晰果斷的腦，
瞳孔自然反應情緒的世界，
眼白則直指身體的健康。

眼睛由黑睛與白睛所構成，它不僅直接關係著小腦，也間接地影響整個大腦，故有眼如小腦，又如大腦的說法。而它倆最佳搭配，為「黑白分明」，以腦袋清楚、遇事果斷著稱。不過，這兩者可是各擁有一片天，既可一併觀察，亦能各自探討，其涉及面極廣，除待人接物外，尚可讓公司行號在選才取士及調兵遣將時，提供參考數據，做出有利決定。

黑睛的變化與色澤

首先就由黑睛（即瞳孔、眸子、黑眼珠）談起。

中國的聖人們，對瞳孔的觀察，可謂精細入微。至聖孔子指出：「觀其眸子，人焉廋哉！」；亞聖孟子亦云：「存乎人者，莫良於眸子。眸子不能掩其惡，胸中正，則眸子瞭焉；胸中不正，則眸子眊（眼睛不清晰）焉。」事實上，貴為靈魂之窗的眼睛，其最重要者即是瞳孔，因為人的瞳孔是不能自主控制的，常隨光線和情緒而發生種種變化，當一個人在極端興奮的情況下，瞳孔會擴張到比平常大四倍；反之，在生氣消極的情況下，瞳孔則會自動收縮。故依其擴張及收縮的程度，即可判斷其內心感受的強弱。所以，要透視對方的內心深處，仔細注視其瞳孔，不失為一理想而有效的方法。（請參見第190頁《瞳孔和視界的玄機》更詳細的說明）

又，有的人在瞳孔旁的白睛上，會長個小痣。相學大師盧毅安（康有為弟子）云：「此乃敗祖業，終身無一事之成，不吉之相。」不過，今昔觀法有別，這位老兄，充其量只是行事出人意表，常換工作，不喜歡老

重瞳：刻薄寡恩，極具野心，權力慾強。

黑睛長小痣：個性積極，企圖心旺。

待在一個地方而已。如果此痣甚大，望之好像兩個瞳孔，則謂之「重瞳」，這是個奇相，等閒不易看到。凡具此相者，每有非常之事業，或有極大之野心。歷史上最有名的例子，就是「禪讓」並大治天下的舜及「力拔山兮氣蓋世」的項羽。

而黑睛的顏色和色澤（對色彩感覺的敏感度），也是一個值得探討的方向。大致可分成以下三種：1.黑色：智商較高，富決斷力；2.暗褐色：思想前進開放，感情深厚，有責任感，能耐煩勞；3.淡褐色：為一利己主義者，自我防衛心重，常自以為是，而且自我感覺良好，只要發覺狀況不對，懂得及時抽身，乃識時務的人士。此外，黑睛中帶有許多如粟狀（小顆粒）點時，則是幼年運蹇或早

粟狀點：此為臟腑受病之兆，宜延醫觀察。

與親離之兆，必需離鄉背井，嚐過一些苦頭，才能白手起家。

從眼白看健康

其次談的是白睛（即眼白、白眼球）部分。

健康者的白眼球，必潔白而有光彩，如其色雖白，但乾澀而滯，就不是個好相，終其一生，難有作為。《人倫大統賦》上所說的：「白乾終至於白丁。」即是指此而言；倘就營養學的觀點來看，之所以會如此，或恐是長期缺乏維生素A所引起，假使採用食療方式，應多食用紅蘿蔔、黃綠色蔬果、魚肝油、動物肝臟等，一旦營養充足，才會身強體健，能有積極表現，擺脫「白丁」困境。

若呈現淡藍色，一說是貧血的證候，以兒童或孕婦較為常見；另一說乃年輕人因長時間抑鬱、一直無法排遣所致；還有一說是聰明之相。據《北史》上的記載，以寫〈蕪城賦〉一文而揚名大江南北的鮑照，眼白也是淡藍色，「時人謂之聰明」，但根據他的境遇，應是長期抑鬱之故。眼白如果變黃，為得了黃疸病的徵兆。眼白經常紅通通地，表示此君呈現極度緊張或性慾求不滿，有時大量攝取脂肪，亦會使眼白暫時變成紅色。又，白眼球出現灰黑色，相術口訣云：「睛如魚目，速死之期。」又云：「黑掩太陽（指眼睛），盧醫莫救。」看到以上二則，諸君想必也知道，這是駕鶴西歸的前奏。

另，眼白屢現小紅點，這是毛細管末端擴張的結果，以糖尿病患者居多；如果出現血絲，此為太過勞累的具體顯示，但赤脈由眼角起而入於瞳內，必有災厄纏身，嚴重的話，且有性命之憂，不可不慎；如果在眼白處常見血片，則是動脈硬化，特別是腦動脈硬化的信號，為了身體健康，萬萬輕忽不得。

眼神，最重要也最難看準

精神氣韻流動於眼神，眼神的清濁、動靜是觀察的要點，體會越深入，越能掌握細微的變化，雖難看準，卻也最能看準。

眼神是觀人術中，最重要也最難看得準的所在。儘管主事者本著運用之妙，存乎一心，但在實際觀察時，卻有如鏡中月、霧中花，很難說出個所以然來。以致公司行號在進用幹部時，渾然不知所措。幸而相學兩大鉅著《冰鑑》和《人倫大統賦》，均能道其詳，讓吾人知所遵循。

眼神反應精神與氣韻

《冰鑑》認為人的眼神「有清濁之辨」，但「清濁易辨，邪正難辨」，而且「欲辨邪正，先觀動靜」。其意乃指人的稟賦，於內為精神，於外為氣韻，眼神則是反應著精神與氣韻之處。凡此眼神太清澈而骨骼細又身輕巧則孤，多應在一些方外之人或隱士者流；眼神太渾濁而體格粗壯則愚，多應在一些從事勞苦工作者身上。而且清中帶濁，少成多敗；濁中帶清，雖勞少獲。以上並不難端詳，真正不易分辨的，反而是眼神的邪正，想知其中底蘊，只有從眼神的動（指運用目力之際）與靜（指未用目力之時）這兩方面入手，才能瞧出端倪。

如果眼神「靜若含珠（靜的時候，其神光如明珠一樣蘊蓄，精華內斂，謂之『神藏』），動若水發（動的時候，其神光如眾水發動之汪洋，顧盼威嚴，謂之『神射』）」；「靜若無人（靜的時候，神安光和，湛然而清，寂然而靜，恬然自若），動若赴敵（動的時候，眸光如電，煞藏於內，威顯於外，儼如抗敵）」基本上，這是個「澄清到底」之相。凡具有此相者，應能寵辱不驚，遇事鎮定，臨事果斷，可膺領導幹部重任，達成上級交付使命。

假使眼神「靜若螢光（靜的時候，神光像郊野的螢火，閃爍不定），動若流水（動的時候，其神光緩慢似溪澗之流水，忽斷忽續）」，則是個「尖巧喜淫」的「敗器」之輩。意即此君尖刻機巧，工於心計，且喜淫慾，並不是位正派人士，一生很難成器，此乃清中帶濁之相，一生必然少成多敗。

若是眼神「靜若半睡（靜的時候，其眼神似睡非睡，似醒非醒，昏慵無力），動若鹿駭（動的時候，其目光忽明忽暗，遊走不定，像驚鹿一樣狂奔亂竄）」，將是個「別才而深思」的「隱流」。意即這位老兄假寐所以養神，深思所以圖巧，非但喜歡賣弄小聰明，好大誇功，自恃機巧，而且其自信心不足，十分敏感，每遇突如其來的狀況，容易受到驚嚇，以致諸多猜疑，經常杞人憂天，進而作偽無斷，勢將難以出人頭地，此亦清中帶濁之相，一生註定少成多敗。

心地光明則眼光平正

至於《人倫大統賦》對眼神的著墨亦多，云：「斜盼者人遭其毒，癡視者自剋其形。淫眼神蕩，姦心內萌。睡眼神濁而如睡，驚眼神怯而如驚，病眼神困而如病未癒，醉眼神昏而如醉未醒。」

具體言之，凡心地光明正大的人，眼光總是平正的。如果慣常斜眼看人，其心田必帶著刺兒，以損人利己為能事，與他共事或往來，不可不慎。又，老是癡癡瞪著前方，轉盼無力，一付莫名其妙狀者，若非精神上遭受重大刺激，即是健康已遇到嚴重損害，如此之人，貿然委以重任，只會壞事而已。

所謂淫眼，即色瞇瞇的桃花眼，具有此一眼光如水、神情流蕩的眼神，情感容易泛濫，喜新厭舊，專門製造桃色新聞，勢必在辦公室投下一枚威力強大的不定時炸彈，引發一些無謂紛擾。

而眼神渾濁，似睡不睡，每呈現疲憊乏力狀，謂之睡眼，此乃失神之徵，徒有其表，虛應故事。至於眼神若怯，多半氣虛體弱，遇事不能沈著應付，難以達成艱鉅任務，付託不當，適足壞事，切記！切記！

另，《靈山秘笈》云：「如病如醉，皆神弱也。如病損壽，如醉橫亡。」病眼比睡眼還嚴重得多，顯然無法任事。而那具有醉眼（目光如醉）者，通常惰性極重，好吃懶做，成不了才，實非一個值得栽培的對象。

春春痘也能判運勢

在發痘的年齡長痘，是生理現象，好好處理，調身體為要。
無故突發的痘子，必有因，瞭解發生部位的意涵，小心防範為上策。

時序一進入炎夏，在這懊熱的日子裏，青春痘的旺季伴隨而至。對養尊處優的都會人而言，雖周遭都有冷氣可吹，能令人袪暑舒泰，但不保證痘兒就偃旗息鼓，一個不長。如諸君經常因滿臉豆花，以致深引為苦，求助無門，那先恭喜閣下，只要仔細研習本文，必會對青春痘的成因、症狀和其具體影響等等，完全了然於胸，進而為自己或遭此苦痛的友人戰「痘」，這絕對是利己利人的一樁美事。

青春痘的成因

青春痘原名「痤瘡」，亦稱「面皰」。因其發生的時間，通常在志於學（十五歲）到而立（三十歲）之年，正值一個人的春青期，故有此「暱」稱。它的症狀是在患者的臉、胸或背部皮膚形成一粒粒的豆狀隆起物，為利於臨床治療，便依其病癥分為非發炎性的粉刺（comedo）及發炎性的疹皰（papule）和膿皰（pustule）這兩大類。

在正常情形下，皮膚細胞於新陳代謝後，其死細胞會隨著皮脂腺每日所分泌的皮脂，沿著毛細管排泄到表皮。當死細胞未能順利排出，卻在皮脂腺內堆積黏結成塊時，就會形成一般所謂的「粉刺」。如粉刺團塊逐漸擴大，皮脂腺已無法容納時，則會破裂而引起皮下的發炎和長膿，產生疹皰或膿皰，並有疼痛的感覺。

大致說來，青春痘的成因可能是腎上腺素或性荷爾蒙分泌旺盛，在內分泌和排泄失衡下，導致毛孔阻塞，因而產生。除此而外，它的發生據研究可能也與空氣、日曬、飲食、睡眠、體質、情緒及個性等關係密切。但女性的情形則較為複雜，如在生理期間，其黃體荷爾蒙會大量增加；又如懷孕時，體內荷爾蒙改變或不孕症等均是。尤其在夏天，天熱再加上過度使用保養品，更易使青春痘週期性的增加或惡化，處理時不可不慎。

發生部位與臟腑失衡相對應

按中醫的說法，青春痘與臟腑的良窳息息相關。如果只長在額頭上，多半是心火太旺，宜用苦寒的黃蓮來洩心火；如果是長在鼻樑及兩側，應和脾胃的功能不彰有關，是以易患胃炎，導致胃酸過多或脹氣等症，宜節制飲食。倘若發現長在下巴或面頰兩側，則與腎水失調有密切關係，凡有晚睡習慣、房事過度或出現遺精者，皆易如此，如閣下腸胃的功能還不錯的話，可多食黑豆，借以滋補腎氣。假使只長在額上與下巴，兩者明顯對稱，在臨床上稱為「心腎不交」，常發現於為失眠所苦的人。此時宜從補腎水及降心火雙管齊下，方能奏效。至於細小的白點長滿整個臉上，則稱為「肺經風熱」。如用三稜針刺耳背上的青色血管，擠出一、二滴血，將使其熱有所出路，必能減輕症狀，早些痊癒。可見中醫對青春痘的診治，是由臟腑入手，由內而外，本標兼治，最易收功。

無故冒出的痘痘要小心

然而，青春痘在相學上，係歸納為小瘡類，對一個人一生的命運雖無重大影響，但對一時的際遇卻有相當程度的預警或破壞。這兒所要談的，不是雨後春「筍」和百「花」怒放的類型，而是指平白無故地冒出三、兩顆或孤「峰」獨聳的情況，這可就和年齡沒啥關係了。因為前者是生理或病理的現象，不在本文討論之列；後者則依其出現的部位，可產生全然不同的作用，說來還真令人難以置信哩！

大凡青春痘會單獨或連袂冒出來的部位不多，可推勘出如下十處。其中不乏筆者多年觀察經驗而得，應有「獨到之創見」，且斗膽將一得之愚，在此野人獻曝一番，以饗諸同好。

夫妻宮：夫妻失和之兆，宜小心處理。

一、夫妻宮：相學的夫妻宮是指眼睛尾端直至髮際的部位，依序可分為「魚尾」和「奸門」這兩部分。此處突然冒出一顆豆子，當是夫妻之間會發生口角或失和的徵兆。如果為未婚者，則是與交往對象齟齬、起爭執或有心結的情況。至於其輕重緩急，應小心判別之。

二、官祿宮：由前額髮際中央（火星）直下而至兩眉之間（印堂）寬約一公分的所在，其內包括著天中、天庭、司空、中正等部位，在相法上統稱為官祿宮，這是看一個人事業或學業的地方。此處冒個小痘痘，即表示在工作上有小麻煩或課業上有小挫折。學生如在考試前出現，勢必考運不佳或答題時不小心，弄巧反成拙。因此，非得小心翼翼，全力以赴，才會有好成績。如果反映在工作上，則是業務壓力太重，案積如山，或者是英雄無用武之地，很難施展拳腳，徒呼負負。

官祿宮：工作有麻煩，課業不順當。

三、下巴：下巴在相學上代表著一個人的僕役宮。如職位是老闆或主管的，發現此有痘兒，表示其下屬不斷求去，致人才流失、人手不足而迭生困擾。若是平常人，則居所會有點小插曲或一些人為的不便，像粉刷、小動工及有修繕的情形等。

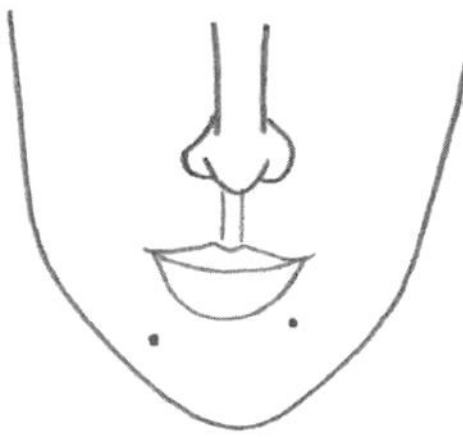

下巴：屬下流動性高，居所有小整修。

四、鼻頭及鼻翼：鼻子在相法上稱「土星」，主財。此處見痘，也只有破財消災了。閣下若手癢，想參加四健會，去桌上游個泳。在上陣之前，務請三思為要。

鼻頭及鼻翼：破財之兆，應注意錢財。

五、兩顴：顴骨司權，其上長痘，主不宜輕動或動則不利。眼前所欲進行之事，難期成功；看似穩操勝券或志在必得之事，卻如煮熟的鴨子飛了，簡直倒楣透頂。此時，閣下唯有謹慎從事，穩紮穩打，或可將損失減至最低。

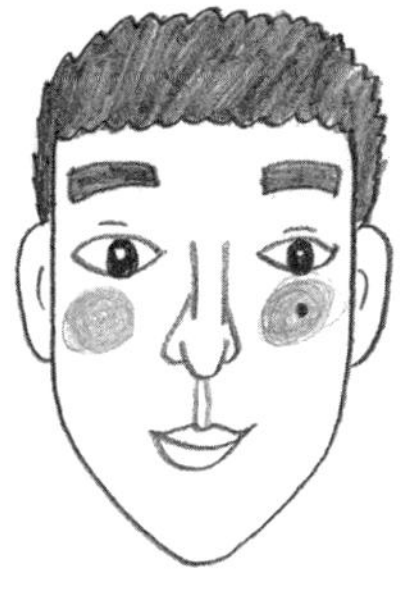

兩顴：不宜輕動，小心為要。

六、盜賊：由兩眼角向下畫一直線到與兩邊嘴角畫一橫線交接一公分見方處，相學上稱此部位為盜賊。如果閣下不分左右，光見一顆痘兒，即表示最近老是忘了帶東西、出現茫點或找不到緊要的物件，急煞人也。如兩處都長痘子，諸君就更得小心了，須嚴防樑上君子前來光顧。

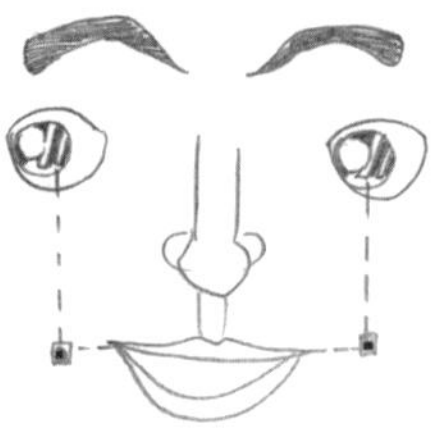

盜賊：忘記東西或遭小偷。

七、法令紋：由鼻翼兩側向口角外側延伸的紋路，稱為法令紋。男子左方的法令紋代表主業或總公司，右方則代表副業（包含兼差）或分公司，女子正好相反。觀此痘則知在哪一方面的業務拓展不順心或工作受阻礙，其成果遠不及預期來得理想。如果痘兒生在法令紋下方近口處，更是當心因此而引發的口舌是非。

八、嘴角或唇周：脾臟開竅於口唇，有道是病從口入。當吃壞肚子或食物中毒時，此處將長痘子，迅速延醫診治。

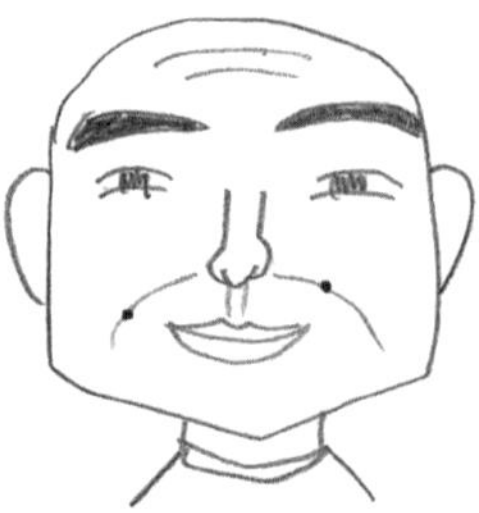

法令紋：業務受阻，工作不順。

嘴角或唇周：吃壞肚子或食物中毒。

九、田宅宮：相法上的田宅宮在眉、眼之間。若居所不寧或逢心所不喜的搬風時，即會在這兒冒出痘子。此外，閣下吃得過辣時，因辛金入肺，痘子將起於屬肺的眉、眼之間，閣下似可就此一併觀察。

十、食倉、祿倉：此部位居人中兩側，嘴之上鼻之下，在法令紋之內。這裏有痘，恐怕身體狀況較差，容易醉酒或不勝酒力。因此，諸君凡在此出現痘兒時，在酬酢的場合，應自我節制，免得因飲酒過量而醉得不省人事。

凹陷疤痕會影響流年行運

當青春痘初起之際，已預警著不利之事正珠胎暗結；疼痛時，此事業已發生；到膿已熟透，即暗示著事有轉圜或噩運將離；一旦「瓜熟蒂落」，也就意味著雨過天青，煙消雲散，可以高枕無憂了。

當看見長青春痘時，最重要的是對症下藥，除先前所提中醫治痘的方法

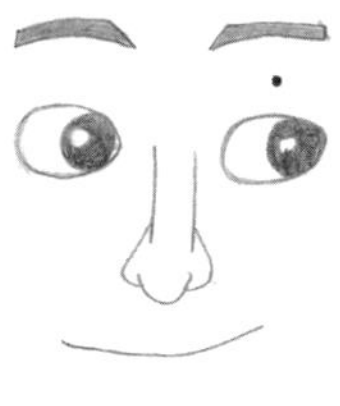
田宅宮：食物過辣或居所不寧。

食倉、祿倉：身體狀況差，不勝酒力。

外，也可參考用食療的方式來根治。如果臉上是白色的粉刺遍佈，建議閣下多吃薏仁，因其藥性平和，可以當食物來吃，對皮膚有促進癒合的效果；如果是紅色的痤瘡，應從涼血著手，蓋脾熱者多起因於食物太補，此時多飲用新鮮的果汁（尤其是番茄汁），可以去熱，甚具療效。

若閣下一心想快點治癒，早些結束「背」運時，千萬別任意動手擠壓。如果等不及非如此不可的話，應俟其成熟到出現「白頭」時，在睡前將浸透微溫的濕毛巾或化粧棉擰乾後，覆蓋其上幾分鐘，再輕輕擠出此惱人的玩意兒，並敷上藥，即可提前癒合。若「戰痘」未勝而不慎留下凹陷疤痕，這會影響到流年行運，古時甚為無奈，所幸現在醫學發達，可用磨皮手術解決或抹維他命A酸來治療。動完磨皮手術後，前兩天傷口會分泌血清，然後結痂。三、四天後，真皮層的汗腺及皮脂腺上的皮膚會快速增加，產生新皮，另新生的膠原蛋白將會使閣下的皮膚變得較光滑且繃緊而有彈性。如閣下選擇維他命A酸（係維他命A的衍生物，其英文名為 Retinoic acid）來治療，因其能改變皮膚上皮細胞之增生及分化，據說臨床的效果相當不錯（此法已行之二十餘年）。唯使用維他命A酸前，必須先以溫水和中性洗面劑輕柔地清洗臉部，再用乾淨的毛巾擦拭，待皮膚乾透（約十五至二十分鐘）後，在小痘子的部位上均勻地塗上薄薄的一層即可。

又，因此藥具有刺激性，故須避開眼睛、口唇及鼻孔等敏感部位。不論閣下想用那種方法治療，最好先請教醫師，以免徒惹後患，自貽伊慼。

小小痘痘不可等閒視之

青春痘雖然只是一顆小小的痘痘，但影響絕非無足輕重，絕對不可等閒視之。希望藉由本篇的啟發，能讓諸君知所趨避，輕易地克服難關。想想看！一張潔白乾淨的面皮，不但可使閣下容光煥發，而且信心滿滿；尤其不會面子「掛」不住，導致顏面盡「失」。因此，對普天下的男女來說，只要戰「痘」成功，必能早日擺脫厄運，轉危為安，並可步入坦途，迎向光明璀燦的未來。

區區一舌見真章

長長厚厚的舌是上品，是貴相，
舌尖宜方不宜尖，
鮮明紅潤者五臟強健。
區區一舌有時也是斬身刀，閉口深藏的好。

在美國N. B. A.中，以「空中飛人」著稱的天王巨星喬丹，當他在灌籃或摘籃的當兒，每每會伸出筆直的舌頭，看起來好像寶劍的鋒刃；另，雄踞網壇十一年（A. T. P.世界排名第一）、奪下十四個大公開賽冠軍的美國名將山普拉斯，他在準備重新攻防之前，也會頻頻露出舌頭，望之像極了哈巴狗，實在很有意思。我在好奇之餘，想知其所以然，花了好長功夫研究，總算略有一己心得。

其實，古相士虛虛子已認為「舌作一身之鋒刃」，並謂君子應避「三端」，即一避文士之筆端，二避武士之鋒端，三避辯士之舌端。這只要觀看《史記．張儀列傳》，便可一目了然。話說張儀遊說楚王，受辱歸來。他的妻子說：「你如未讀書遊說，怎會受人侮辱？」張儀便對妻子說：「妳看我的舌頭還在嗎？」妻子笑言：「還在啊！」張儀接著道：「這就夠了。」於是鼓起如簧之舌，取信秦惠王而當上秦國宰相。

五個方面看舌相

究竟舌頭是啥玩意兒？依《靈樞經》的說法是——「舌重十兩，長七寸、廣二寸半。」此言泛泛，當然不是每個人都如此的。照《實用解剖學》的解釋，反而比較實際，書中明白寫著「舌為肉質橢圓形，有調節言語及咀嚼之功用。舌體分為舌根、舌背、舌尖三部，更有舌之下面結構及舌之側緣形狀。舌根頗為廣大，其前部有許多囊狀腺及黏液腺；舌背成穹窿帶狀，中央有縱溝，並有三種乳頭，即絲狀乳頭、蕈狀乳頭及輪廓狀乳頭；舌尖狹小而運動自如，知覺敏銳。」

總而言之，舌位於口腔內部之正中，係由赤色筋肉所組成，縱長前狹，前尖後廣，表面凹凸不平，其突露處多成細點（即絲狀乳頭），如再隆起而明顯，相書稱之為「粟粒」，其在舌心者，形如蕈菇，其點旁附有小物，狀似花蕾；而在舌根者，形如小豆，數目由八至十顆不等，常作「人」字形狀排列於舌之表面。

欲察小小一個舌頭，相法倒有幾個途徑，想要瞧個明白，非得「提其要」、「鉤其玄」不可。為了方便進行，現就其長短、厚薄、形態、色澤及異相這五方面分別闡述，盼對閣下的觀察能有所助益。

長舌為貴相

首先談其長短。我們常將好搬弄人是非、終日喋喋不休的女人，稱為「長舌婦」。事實上，好的舌頭最重要的一點，便是個長字，千萬短不得。舌頭如長到能舔鼻頭，此人必然長於思想，感情深厚，兼富理性，乃大大地貴相。有詩為證，云：「舌到準頭世所稀，驟然一見便稱奇，身居閭巷何愁窘？自有風雲際會時。」便是指此。如只見它甚短，即使其他條件不差，也非上品。此乃開宗明義，諸君不可不知。

其次是舌頭須厚，薄便不佳；舌尖須方，凡太圓，太尖者，均是下品。究其原因，就是話多，且近諂媚；縱使能口若懸河，滔滔不絕，亦難獲人首肯。由於舌尖渾圓的人，口齒很難清晰。另舌尖太尖，更非積德的相，其出言語無倫次、饒舌不止，尤其惹人厭煩。望見此輩中人，想圖耳根清淨，最好能避則避，甚或溜之大吉。

方而厚者　雄才大略

至於方大舌與短小薄舌之別，《人倫大統賦》上說：「惟舌者，以短小薄鈍為下；以長大方利為先。」又說：「長方者，咳唾成玉；短小者，皂隸執鞭。」所謂「咳唾成玉」典出李白詩，云：「咳唾落九天，隨風成珠玉。」意即此君在詩詞古文上的造詣極高、才華卓絕；但時至今日，其意已不侷限於此，而是泛指這人在各行各業，皆能出人頭地。另「皂隸執鞭」一詞，原指衙門裏的司役，此乃今之駕駛、工友之流，此人在社會上之地位，究屬不高。

舌狹而長：鬼靈精，巧而詐。

又舌頭的型態，當指其整體的形狀而言。據《麻衣相法》的講法，「狹而長者，詐而賊（指其鬼靈精一個）；禿（指舌尖渾圓）而短者，迍而蹇（指其一生不順且顛沛流離）；大而薄者，多妄謬（指是非不分、大言不慚。按：《公篤相法》稱「善辯而多才」；《蟠龍命相》則謂此君必「自作多情」。不過，筆者經對比研究後，以《麻衣相法》的說法為是）」。另《蟠龍命相》也說：「大而短者，言語不清，愚魯不明；若再口小，衣食無告。小而短者，口舌伶俐，但會貪嘴饒舌，廢話連篇。方而厚者，具雄才大略，能執法如山。」其他如舌長而舌尖又呈橢圓狀，這是大吉相之一，代表著此君宅心仁厚，言語敏捷，易得眾人信賴，社

大而薄：是非不分，大言不慚。

禿而短：一生不順，流離失所。

會地位頗高。

五臟強健　舌必鮮明

關於舌之色澤部分，虛虛子指出：「夫舌，五臟之精華所由生焉。其源通乎氣、攝乎精、變乎神，所以精神健暢，則多食而有味；精神困倦，則少食而不知。」因此，「醫家亦要驗其氣色，知其病源。」那麼舌頭的色澤又該如何觀察呢？古相經云：「紅赤其色，乃根於心；剛柔其性，乃根於肝；審辨其味，乃根於脾；滋潤其聲，乃根於肺，漱液其流，乃根於腎。」可見舌與五臟都有密切的關連。故《靈山秘葉》亦云：「凡五臟強健，舌必鮮明；五臟衰疲，定是黯紫。鮮明者，其質高華；黯紫者，賦性低劣。」由此觀之，舌頭的色澤，宜鮮明而忌黯紫，倘以其成就加以論斷，「黯紫，布衣而肘露（即窮到磨破袖子）；鮮明，金帶而腰懸（即官居一定高位）」（見《人倫大統賦》），其相去不啻千里了。

宜紅不宜黑　宜赤不宜白

大致說來，舌頭的顏色——「色如硃（朱紅色）者貴；赤如血（暗紅色）者祿；黑如翳（指陰暗）者賤，白如灰者貧。」（見《麻衣相法》）又「凡紅而鮮明者，清閑而有恆，衣祿有餘也；青而枯澀者，勞碌而疏懶，常多宿疾也；黑黯不潤者，貪妄而患疾，淫亂而自戕也。雜花不一（指五色紛陳）者，慳吝而見小，駁錯（指雜亂）受制也。」（見《公篤相法》）總之，舌頭的氣色，宜紅不宜黑，宜赤不宜白，甚忌暗紫色，如果是青而帶黑加上其色極深之人，應為速死之兆，不可不慎。

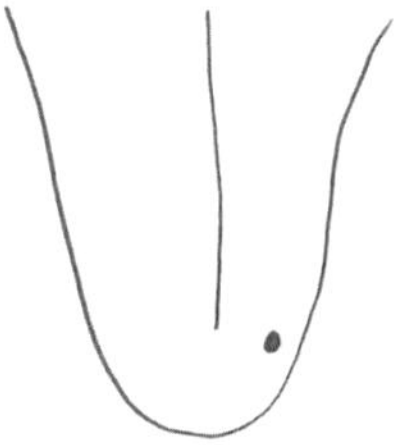

舌有黑子：罹癌前兆，應先防範。

舌之異相論好壞

此外，舌之異相有四，如不仔細觀察，無法探其底蘊。

一、**黑子凶惡：**所謂「黑子」，即舌上長黑痣。據醫學研究者指出，此乃身罹癌症的警訊之一，凶險異常。

二、**粟粒榮遷**：此粟粒即舌頭上明顯突起的粟狀物。莫看這些細點子狀的「舌乳頭」，其內部竟藏著味神經、動舌神經和舌咽神經，分司辨味、運動舌體和分泌唾液。若每一神經都健全的話，這些舌乳頭自然全會蓬勃而起，突出有如粟粒狀。凡見粟粒突起，即表示此君正值佳運，因而胃口甚好，神智清明，精神愉悅，言語暢通有序。這一切不正顯示著他老兄在事業上，一定蒸蒸日上、節節高陞，大有「榮遷」之勢。

三、**七星理明**：七星是指北斗七星，呈斗杓狀。筆者至今閱人極多，尚未一睹此「可享千鍾之祿」的異相，或將待驗於異日。閣下若具此一奇相，還盼早日告知，以了平生之願。

四、**三川紋足**：三川指的是舌頭上有三條長的縱直紋，呈「川」字形。通常在舌上容易見到一長條豎直紋，川字紋筆者亦無緣一見，或許今日

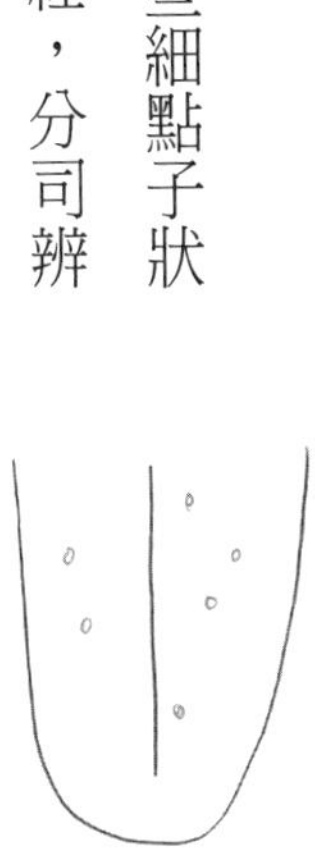

有粟粒：正值好運，可望榮陞。

七星斗杓狀：食祿萬鍾，口福奇佳。

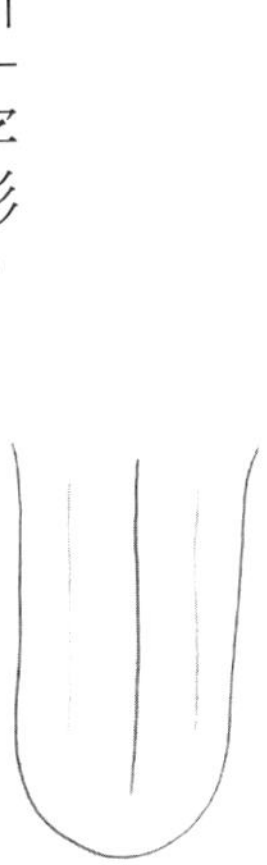

三川紋：家大業大，富擬王侯。

已無此一「必食萬戶之田」的封君啦！

舔唇之人多淫逸

末了，此君如在還沒說話前，舌頭已先伸出像蛇吐信者，好妄談（參見《痲衣相法》）；另舌頭常會舔唇之人，則多淫逸（參見《水鏡集》）。如諸君有這些習性，應注意及此，早早改正，以免讓人留下不良的印象。在此且引五代時「長樂老」馮道先生的一首詩作為本文結束，並與諸君共勉。此詩云：「**口是禍之門，舌乃斬身刀；閉口深藏舌，安身處處牢。**」

木
火
土
金
水

誰愛聽馬屁

奉承的話未必人人管用，先觀其面相，再拿捏分寸，進一步說得巧妙，聽者、說者都能感覺良好。

孔老夫子說：「剛、毅、木、訥，近仁。」接著又表示：「巧言、令色、鮮矣仁。」他老人家最討厭的就是那些鄉愿及巧言、令色之徒，認為其靦顏市恩，寡廉鮮恥。而他喜歡的則儘是些道貌岸然、剛強寡言之輩。正因為「尊範」如此，也難怪他一生在仕途上很不得意，周遊列國，甚至絕糧於陳、蔡之間。

曾國藩也愛高帽子

其實，自古至今，不愛聽好話者幾稀，只是看說得是否得法而已。善譬巧諭者，稍加揄揚，博人一粲，戾氣自消，其道行可謂是「戴高帽子」。至於諂媚迎人，則「品斯下矣」，多為人所不齒，十足是個「拍馬屁」之流。本文所要介紹的是如何看清對方，適切地「引人入勝」，進而將一切「艱難險阻」，消弭於無形之中。

據清人《潛庵漫筆》上的記載，曾有門生二人，得到外放的差使，便一同去謁見老師。老師說：「今世直道不行，逢人送頂高帽子，就可以了！」某甲就說：「老師之言不謬。今之世，不喜高帽如老師者，能有幾人啊？」老師聞言大喜。辭別後，某甲即對某乙說：「高帽已送去一頂啦！」讀罷，令人發噱不置。

非但這位老師如此，即如平定太平天國，功高封侯，敬謹一生，無論是克己之嚴，或軍紀之肅，皆是近代典型的曾文正公，也不例外。《進德錄》上載其一段軼事，適足以說明戴高帽子的「魅」力，實在無與倫比。

「當金稜初復日，有人往謁曾侯，中間論及用人須杜絕欺騙。因而大話說：『受欺不受欺，但在自己如何而已。像中堂（總督之尊稱，時曾國藩官拜兩江總督）之至誠盛德，人自不忍欺；左公（指左宗棠）之嚴氣正性，人亦不敢欺。至於某某諸公，則人雖不欺，而尚疑其欺，或已受欺而不悟其欺者，比比皆是啊。』侯大喜，待為上客，委以政事。未幾，客忽挾重金遁去。侯乃自捋其鬚曰：『人不忍欺！人不忍欺！』左右聞者，皆匿笑。」

千古馬屁大宗師

我雖腹笥甚儉，但就所知的「拍馬功」而言，不得不推崇唐代的鄭注為「大宗師」。且看《資治通鑑》上的說法，指出：鄭注這個人，不但巧言令色，工於諂媚，而且詭計多端，善揣人意，以醫術遊於四方，曾經用醫藥治好某個軍官。軍官大喜，向節度使（今之軍團司令）李愬大力推薦。李愬服食他開的藥方，居然十分靈驗，於是大加寵信。鄭注在小人得志後，狐假虎威，胡作非為，司令部的軍士和幕僚們又恨又怕，頭痛得很。擔任監軍官的王守澄就把這情形向李愬說明，希望早日除掉這禍害。李愬表示：「鄭注雖惹人厭，但是個奇才，將軍試著和他溝通，如果一無可取，再除去他也不遲。」便派鄭注拜見王守澄，王守澄起先面有難色，不得已才讓他求見。沒想到兩人坐談片刻，守澄聽了大喜，改在大廳正中設坐，聊得十分盡興，真是相見恨晚。第二天便對李愬說：「鄭注確如司令所言，是個奇才。」從此，鄭注也受到王守澄的寵愛。等到守澄掌管樞密（即今之國防部加上參謀總部），便帶著鄭注前往長安，替他在都城買房子，並支付安家費，更推薦給皇帝。皇帝也一樣善待他，厚賜不少金錢。

鄭注的本領果然不小，但其道行尚不止此。眾位看倌請仔細向下瞧。

鄭注這個時候，「依王守澄，權勢熏灼」，搞得天人共厭，皆欲去之而後快。神策（御林軍）左軍將軍李弘楚乃與中尉韋元素合謀，伏下刀斧手，欲召鄭注而殺之。鄭注一到，韋元素正待下手除奸，但見鄭注對他

「佞辭泉湧」，元素聽了以後，「不覺執手親曲，諦聽忘倦」。李弘楚見狀，一再以目示意，韋元素竟然「不顧」，反而「以金帛厚送注而遣之。」鄭注拍馬逢迎的功夫，真是古今一人，舉世無雙。可惜《資治通鑑》上只說他「眇小（即眼睛小），目下視。」對他本人的相貌，著墨太少，使我們無法看出他的廬山真面目，不免有些可惜。而那些被他灌迷湯的袞袞諸公，像李愬（平定淮西，為憲宗中興的代表人物）、王守澄、韋元素和那位不為所惑的李弘楚等人的相貌，也付之闕如，令人深感遺憾，無法據以研究。

愛聽奉承 有跡可循

事實上，愛聽奉承話的人，從其臉上來看，的確有跡可尋。諸君若有所圖，而對方恰有此相，那不啻「天助我也」，可以「得其所哉」！而好此道的人，通常是具有人中短淺，眼神如睡、如驚、如醉；眉細毛柔等特色，在此且一一道來。

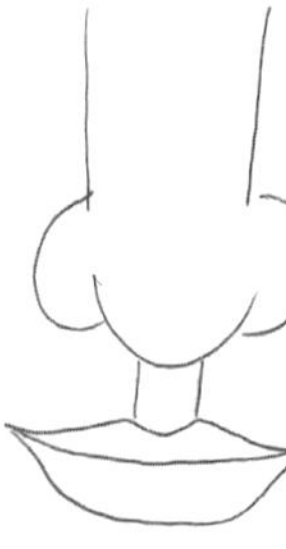

人中短淺：渴望奉承，喜受恭維。

一、**人中短淺**：人中的部位，位於口、鼻之間，呈溝洫狀，愈深愈好，愈闊愈佳。如果短淺（即口鼻之距離甚近，形狀不很明顯），一般來說，就比較現實。其特點是目光如豆，脾氣彆扭，常會強人接受己見，一不合意，輒發牢騷，甚或怨天尤人。是以，他渴望誇張，更喜歡人家的恭維，即使是些虛情假意的客套話，他亦甘之如飴，但給這種人戴高帽子或說奉承話，也有竅門。抓住其重點，才能鞭辟入裏，一舉得逞。如果對方長得皮膚細膩，動作文質彬彬，就宜用妙語巧喻去扣緊他的心弦，使之飄飄然。如果他生得皮厚筋粗，舉止粗魯不文，最好是採取快人快語，千萬別彎來繞去，而用最通俗直率的讚美辭去曲意阿諛一番，他聽來必特別受用。掌握此祕訣，很多事兒或許就在談笑之間，即可化險為夷，迎刃而解了。

二、**眼神如睡、如驚、如醉**：眼神是一個人精、氣、神所注之處。也正因如此，《冰鑑》才會說：「一身精神，具乎兩目。」《人倫大統賦》上也說：「欲察神氣，先觀目睛。」可見眼神是否澄澈、有活力，即關係著一個人意志力的強弱與精力之有無。凡眼神如睡、如驚、如醉者，皆「神弱也」。（可參見《靈山秘訣》）因其神弱，故不任事，在自尊心欠缺且自信心不足的情況下，自然最喜諛辭，即使所言「不堪入耳」，他諦聽之後，仍會心滿意足，甚至在不經意之間，還吃吃地笑了。

眼神如睡、如驚、如醉：自信不足，喜聽諛詞。

三、眉細毛柔：眉為兩目之翠蓋，一面之儀表，宜修長有勢，實不宜細媚軟柔。如兩眉恰如後者，以懦弱無能之輩居多。蓋眉的粗細濃淡與肝、膽功能的強弱，息息相關。眉粗濃則氣壯勇生；眉細淡則膽怯不前。眉既細而毛柔，將導致其人優柔寡斷，感情脆弱，對奉承話趨之若鶩。所以，他本人好話不厭百回聞。即使你已講累了，他或許還意

眉細毛柔：懦弱無能之輩，專愛聽好話。

猶未盡、樂此不疲哩！

小心！別拍這些人

當然，也不光每個人都喜歡揀好話聽。有的人對這「致命的吸引力」，恐怕不怎麼熱中，還希望耳根清淨些呢？生有人中深長、偃月高揭及神強骨壯等這些相貌的人，就是如此。

一、**人中深長：**從人中這兒，便可觀察一個人的家世背景、子嗣及壽命等。人中這部位深長而闊的人，元氣充足，精力旺盛，器宇恢弘，具有獨立見解，不會輕易為人所蠱惑。同時，他喜知「真相」，不愛矇混虛假。因此，閣下要打入此君的心坎裡，必須「句句話都由衷」，才能得到他認同和敬佩。要不然，閣下沒事「誇」他兩句，盡講些動聽的話兒，勢必「偷雞不著蝕把米」，沒來由挨頓排頭吃。

人中深長：愛聽真相，言必由衷，才有交集。

二、**偃月高揭**：各位別被這詞兒給嚇到了。這是指兩道眉毛，從眉頭到眉尾，由低而高，成圓弧狀，望之好像上弦月一般，國劇裡武將的臉譜大都如此。諸君如欲一窺究竟，細看關公之像即知。具此相者，個性剛直，喜歡直來直往，甚惡拐彎抹角，尤其討厭卑躬屈膝、逢迎拍馬之徒。您若「諛」詞如潮，恐怕會「吃不了兜著走」，自討沒趣。不過，他老兄如果眼神不夠清澈強旺，就會有好大喜功的傾向。諸君只要不忘適時地祭出一頂高帽子給他戴戴，效果必然不同凡響。

三、**神強骨壯**：《人倫大統賦》上說：「神強骨壯，保遐算以無窮。」大抵一個人具有神強骨壯的形相，其過人精力，將迥非尋常人可比。如果其眼神再強注專一，必能明辨是非曲直，速裁速結。人將不敢「欺」，亦不能「欺」。像清代中興名臣、平定新疆的左宗棠，便是這種相格。碰到此等人物，必須據理力爭，甚或面折其非，方

神強骨壯：精力過人，明辨是非曲直。

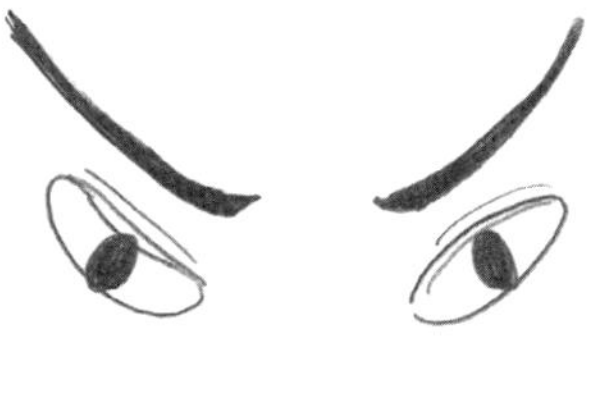

偃月高揭：個性剛直，不喜逢迎之徒。

能獲其首肯。否則，徒用「巧言、令色」，勢將自取其辱、自食苦果。

運用之妙 存乎一心

俗話說：「良言一句三冬暖，惡語傷人六月寒。」當閣下把話匣子一說開來，對方的感受是「良」或「惡」？本不可一概而論。除非，閣下事先了解其為人，才好拿捏分寸，「搔」中癢處。倘若無法如此，針對其「相」而後言，亦不失為便宜可行之法，易收「正中下懷」之功。因此，諸君如欲闢荊棘、解危機、化阻力、脫困厄；相信在熟讀本文後，應能「觀其人而與之言」，而且「運用之妙，存乎一心」。何況公式用熟之後，必更能臻於化境、止於至善。從此步入坦途、一帆風順，事事都能稱心如意了。

掌握面相，化危機為轉機

有些人太猶豫，需要幫他下決定；
有些人難溝通，需要使出渾身解數，才能讓他就範；
有些人堅韌難纏，必須軟中帶硬，順勢而為；
有些人根本就是麻煩人物，最好遠遠離開……
若一開始就能掌握面相特徵，洞察對方的心性，應對進退便有所依據，也就能減少無謂的精力消耗！

人生在世，總會遇上幾樁棘手的事兒，發生時，除非閣下胸有成竹，長於應變，否則，不易輕鬆過關。另對方的配合意願，也與事情進展的速度和解決的方式息息相關。因此，在這節骨眼上，仔細端詳對方的長相，即可決定自己的處理原則與協商對策。不然，雙方皆無的放矢、毫無交集，不僅浪費寶貴光陰，也會消耗無謂的精力。因此，在知道對方是何種類型後，妥為因應，將使損失減到最小，或許還能結下善緣哩！

當我們面臨問題癥結時，請先快速掃瞄對方一遍。如他恰似本文所舉的類型，那先恭喜閣下，至少心中已有譜兒。了然於胸後，必能順水推舟，斷不會被對方牽著鼻子走，做個倒楣的冤大頭了。

在所有的眾生中，除臉孔平易、缺乏特徵者外，在此且將對象歸納為下列五大類，並提出筆者的看法。其目的即在幫忙諸君於處理的當兒，更能得心應手、游刃有餘。

這些人最猶豫

已經一肚子火，又碰到一個慢吞吞的老兄，滋味鐵定不好受。而慢郎中談事情，表示尚在運作，只要耐著性子，終可一一解決。但遇著對方猶豫不決、舉棋不定時，那就急死人了。但每一種產生猶豫的因素，本就不盡相同。有的是太謹慎，有的是沒信心，還有的是思慮過度。我們如能事先明白原因，進而加以誘導，必能省下不少時間。以下所舉的，就是這些仁君的一些具體而微的徵兆。

眼睛小：一絲不苟，不容易放開心扉。

一、**眼睛小**：有一對小眼睛的人，其特色是謹言慎行、理智沈著，做起事來一絲不苟，不太容易放得開。其長處是能「察見秋毫之末」，並有「涓涓細流，足成江海」的耐心；而短處則是「不見輿薪」，每會自我設限。由於他小心翼翼，我們就得多花點時間並鼓起如簧之舌去說動，且一再表示誠意。這樣，他才會邁開「牛」步，協商解決之道。

二、**眼距寬窄**：左右兩眼之間的距離，以一隻眼睛的長度為標準。超過一個半即寬，不足四分之三的比例即窄。距離愈寬的人，臨事優柔寡斷，也沒有什麼自信。我們想趁早解決，非得快刀斬亂麻、節節進逼不可。至於眼距很近的人，可別以為他也是個「快槍俠」，事實正好相反，卻是個觀察敏銳、

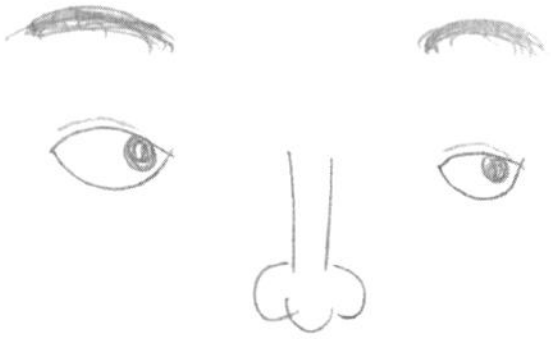

眼距寬：臨事猶豫，舉棋不定。

眼距窄：觀察敏銳，遇事長考。

小心應付，遇問題長考，且絕不先行提出解決方案的仁兄。看來，閣下必須磨刀霍霍，以「利刃齒腐朽」，才能「磨」出個所以然來。

甲子臉：擅長思考，執行力差。

三、甲字臉：臉型如「甲」字，大抵是前額寬廣而下巴尖狹。這種人長於思考，怯於實行。很多事兒會考慮上老半天，始終拿不出個具體可行之道。閣下如用是非題給他做抉擇，應是促其下定決心的不二法門。

四、豬耳：大家想必都看過西遊記裡豬八戒的耳朵了。其特色為大、薄而輪廓不明，可當扇子用。具有此耳的人必「耳根子軟」，而且「不聽而貪婪」（見《人倫大統賦》），心志每易動搖，拿不定個主意，加上惰性極重，個性貪財好色。如出個選擇題讓他擇一行使，保證半天沒結果。因此，只要索價合理，可以直截了當，表明堅不讓步，或可收效於一時。

豬耳：耳根子軟，惰性偏重。

五、印堂太狹：印堂為位在兩眉之間的方寸之地，是一個人最重要的部位之一，據說靈魂由此出竅，又因其為安身立命之所，故稱「命宮」。此兩眉間的標準距離，應是自己食指與中指兩指幅的寬度，如不到一指即太狹。這人在性格上，即屬患得患失的類型。每易鑽牛角尖，成天左思右想，遲遲不做決定。所以，開宗明義是直接把話挑明講，這樣才能實際解決問題。

印堂太狹：易鑽牛角尖，每患得患失。

在看完本節後，諸君便知該如何下決斷了。我們如「各就其所因搔之」，只要能立刻搔中「癢」處，隨即「點」到為止，節奏馬上變得明快，利於迅速解決。

難溝通的類型

當問題發生時，難免怒火中燒，只要雙方不感情用事，出之以理性，未嘗不能去紛止爭。偏偏有的傢伙，硬是難以溝通，稍微讓一小步，他便得「理」不饒人呢！我們若不欲生事，也不想窮耗，宜先使事情單純化。即迅速找幫手或花錢消災、遠離戰場，免得「一波未平，一波又起」。如我們有相當「實力」，不怕無謂困擾，自以「兵來將擋，水來土掩」為最佳處理方式。

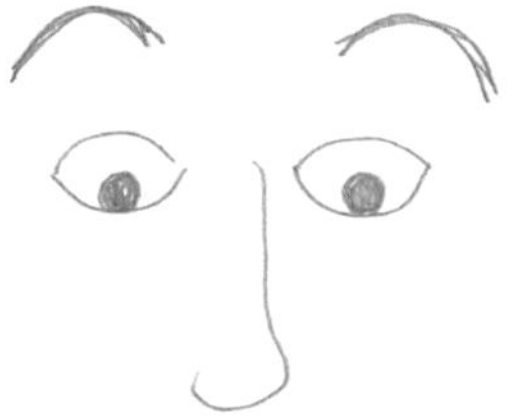

上三白：剛愎自用，想改變現狀。

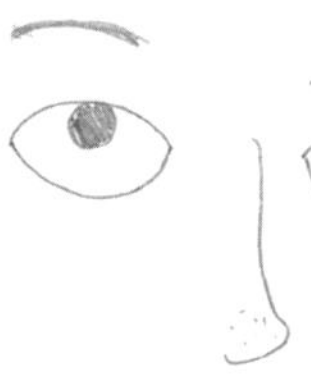

下三白：心胸不廣，憤世嫉俗。

一、**白眼**：這兒所說的白眼，當然不是被別人白了一眼，而是指黑眼珠特小，以致眼白部分較多。今且依黑眼珠的位置，分為「上白眼」、「下白眼」和居於正中的「四白眼」。上白眼（俗稱上三白）的人，破壞心強，每思改變現狀，常是「治世之能臣，亂世之奸雄」，更大的特色為剛愎自用，目中無人，委實不好相與。下白眼（俗稱下三白）的人，則脾氣暴燥、仇恨心重，並且心胸不廣，硬是難與周旋。而具有四白眼（俗稱四全白）的人，尤為機警過人，集「上白眼」與

四全白：殘酷冷靜，翻雲覆雨。

「下白眼」之戾氣於一身，性情殘酷，見人每懷「敵意」，又有「整人」狂熱，簡直不能溝通。遇到此輩無賴，實無啥好說的，一切唯實力是尚。

二、**孤峰獨聳**：在相學術上，凡鼻子廣大挺峭、矗立如壁，而四周的部位卻不怎麼明顯的話，就叫做「孤峰獨聳」。由於鼻子是自我意識的表彰，愈大則愈盛。此相的人，必一再堅持己見，並對不同的聲音，一概排斥，且為反對而反對。對付這種人，只有將事實攤開，來個「烏龜摔石板」（硬碰硬），方為上策。

三、**鼻子起節**：所謂「起節」，即位於鼻樑上面三分之一（即年上）的部位，有骨凸出，如同竹節一般之相。而且，望之愈凸、愈廣者，情形愈嚴重。有此相的人，個性倔強，好勇鬥狠，不認錯，不服輸，想使他回心轉意，有時比登天還難。何況一旦發生爭論，他必沒完沒了，此時採取以靜制動，俟其精疲力竭，再予迎頭痛擊，將是不錯的戰術。

孤峰獨聳：自我意識強，容不下「異」見。

鼻子起節：個性強，不服輸，愛爭勝。

顴高而張：性強而急，不能容物。

四、顴高而張：顴骨位在眼睛的下方、鼻子的兩側，是象徵一個人權威的所在。故稱「顴者，權也」。顴骨的標準位置，應在眼尾下方二至三公分之處。高而緊鄰眼睛者，則顴與眼爭，其個性強而急。而過於橫張，即靠近鬢毛者，每自以為是，常「忘了我是誰」。兩者俱全，豈是善類？想要解決爭端，看來只有唯「力」是視，絕不妥協讓步。

五、耳軟骨突出：耳之廓特別明顯而外露，即為「突出」。此君好勝而死不認錯，「寧我負人，不可人負我」。跟這種人沒啥道理可講，我們應使出渾身解數，迫其就範才是。

耳軟骨突出：死不認錯，難與爭鋒。

對方愈是難溝通，我們要是肯花心思投入並且展現雄厚本錢，相信運籌帷幄及斡旋能力必定大有幫助。也許交手個一、兩次後，我們將增長智慧、提升段數，早臻一流高手之列。

幾種難纏的角色

難纏的人物，最令人頭痛，其所以難纏，有的是韌性十足，有的是深諳技巧，有的是熟悉行情，更有的是精打細算，面對這些「高手」們，一刻也不容鬆懈。否則，會吃不完兜著走，以下就是這群人物的臉譜，閣下得瞧個仔細了。

一、**三角眼**：第一次望見曾國藩的相片時，大家想必會對他的三角眼和嚴厲的目光，留下很深刻的印象。此公勇於任事，律己甚嚴，建立了赫赫之功，實為中國近代史上的第一流人物。

事實上，所謂「三角眼」，就是上眼皮前段上升而後段突然下垂，形成直立的三角形。有此相者，須配合一併觀察，如其眼睛內滿布紅絲，再加上目光如流，肯定其狡詐多端，假仁假義，具有姦盜鼠竊的性格。如

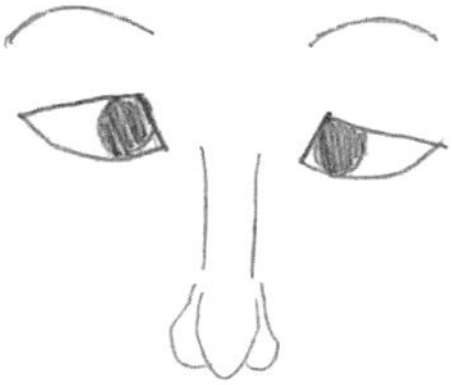

三角眼：心狠手辣，使命感重。

果是目光視正而嚴，眼睛黑白分明，則個性剛猛雄強、心狠手辣，不僅有強烈的使命感，且有除惡務盡的決心，每多為忠義之士。三角眼之所以難纏，在於他能忍人所不能忍，故和他鬥，勢難討好。

鳥喙：意志堅定，能忍人所不能忍。

二、**鳥喙：**其特徵是上唇較闊，伏蓋下唇，尖而突出，與吹火口形似而實非。具有此相的人，深不可測，意志堅定，忍耐工夫一級棒，絕非等閒之輩。與此君較勁，即使我們已大費周章、心力交瘁，恐怕也討不到多大便宜。是以奉勸諸君，與其玉石俱焚，不如「退一步海闊天空」。

三、**雌雄眼：**兩眼水平而左右大小不一，就叫做「雌雄眼」。很多事業成功的人，都有此相。能攻善守、收放自如，是其特色。尤有甚者，是精於世務，嫻熟行規，儼然是個「萬事通」。我們和他就事論事、討價還價，每難措手。至於想占到上風，恐怕會「難於上青天」，想向「不

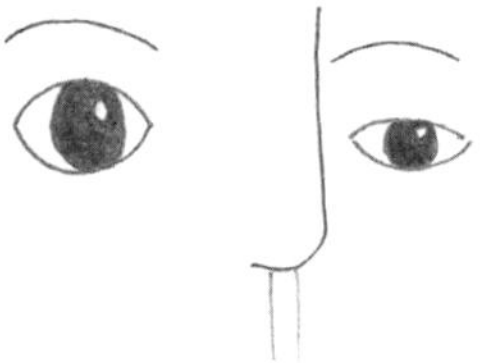

雌雄眼：精於世物，通曉萬事。

可能的任務」挑戰時，請先準備充分，態度軟中帶硬，或有成功之望。

四、圓眥和前眥鉤曲：所謂「眥」，是指眼蓋。「前眥」，即眼蓋靠近鼻樑處。另「圓眥」可不是指整個眼眶渾圓成形，而是講上眼蓋形狀圓而秀，一如拋物線。具此相者，「其機深如城府」（見《人倫大統賦》），心懷叵深，機智一流，喜怒哀樂皆不露聲色，令人不好捉摸，不易猜透，多花心思因應，或可收效一時。畢竟，少吃點虧就是占便宜啦！另前眥成鉤曲狀的人，富於智謀，善於營運，深曉各種竅門，懂得因勢利導。加上其瞳子黑白分明，瞻視不轉，那更是個令人無懈可擊的超級對手。

《東周列國志》上記載著一則故事，足供參考。話說戰國之際，趙國的宰相平原君對趙王分析秦將白起（以功封武安君）時說：「武安君之為人也，小頭銳上、前眥鉤曲、瞳子黑白分明、瞻視不轉。小頭銳上者，敢斷也；前眥鉤曲者，富智謀也；瞳子黑白分明，見事明也；瞻視

圓眥：城府深，不露聲色，難猜心思。

前眥鉤曲：富智謀，能因勢利導。

不轉，以知其志之強也，不可與之爭鋒。」（按：白起為秦之名將，平生戰勝攻取凡七十餘城，而坑殺趙卒四十萬人的長平之戰，即是其代表作，震懾古今。）

袋鼻：精打細算，長於理財。

五、袋鼻：鼻樑略作弧形，鼻尖略作鉤曲向下，鼻翼昂向上方，雄強而有勢，乍見如袋狀者，稱之。此鼻以商人最為常見，故又稱「商人鼻」。有此相者，善於經營，長於理財，精打細算，刻薄又吝嗇。我們若想多從他手中多弄點好處，豈不要他老命？勢必得周旋一番，方見真章。

六、猴耳：所謂「猴耳」，依《耳譜》的說法是天輪（耳朵外緣的那一弧狀環）尖薄，稍向前傾，不見垂珠。另《白雲子》也說：「尖耳縮腮，千般詭計。」此處的「尖耳」，指的就是「猴耳」。有這種耳型的人，喜怒不形於色，心事難以捉摸，他有著用不完的假面具，絕不會輕

猴耳：喜怒無常，詭計多端。

易地露出本來面目。慣常使詐，好用權術，其詭計之多端，尤使人防不勝防。欲覽正宗「猴耳」，在辨識上可能要稍費時日，但只要耳朵的外輪豎尖，不見垂珠，就庶幾近之了。碰上這等人物，想討個便宜，誠「難於上青天」。

難纏人物的出現，正是我們增進機智、耐性與巧思之時。如能多交鋒幾次而漸入佳境（這當然不只在問題浮現時，才派得上用場）。對方豈敢恣意妄行而不心存忌憚呢？

該以禮相待的人

嘗讀清人劉開的《知己說》，其中有云：「夫士可以禮屈，而不可以勢束也。」和這種人物較勁時，如不是我們的過失，也不全然是對方的錯誤，雙方聲勢相當，只有據實力爭到底，但須保持風度，只討「公道」，不可妄動。不然，虧莫大焉。因為下面這兩種人，絕不是可以輕侮之輩。

一、**君子鼻**：此鼻係樑直、高挺而露骨，準頭渾圓有收，山根闊而有勢。凡長此相的人，每有紳士風範，但為人正直，見強不怕，見弱不欺。想來個「強龍硬壓地頭蛇」，勢必要付出不少代價，甚至鬧了個灰頭土臉。

君子鼻：有藝術天份及紳士風範。

二、**段鼻**：凡鼻樑的年上部位（鼻柱的前半段）特別突出，氣勢直貫而下，止於鼻準者即是段鼻。這是勇者之相，俗稱「軍人鼻」。生而有此鼻者，鬥志旺、不屈不撓、不辭勞苦，屢敗屢戰、奮勇爭先，實在是既可敬又可畏的對手。我們只要是據「理」力爭，他必能做某些程度的接受，如突發奇想，竟思指點油水、佔他便宜，那恐怕找錯人囉！

這兩型的人物，正是「不打不相識」的典型，在彼此「化干戈為玉帛」後，他們倒是值得傾心結納的人士。

段鼻：鬥志十足，不屈不撓。

欣逢古君子

敦厚篤行的誠信君子，是我們所碰到的對象中，處理起來最讓人愉悅的了。只要他自覺理虧，必然先賠不是，而且有求必應，幾乎悉數同意。如果雙方均有不是之處，他老兄也不會太計較；尤其在言詞上，絕不令我們感到難堪。然而，「君子不可欺之以方」，如果我們不圖交個朋友，光想得寸進尺、得隴望蜀，那我們的損失鐵定在所得之上，導致「天予不取，其必有殃」的結果。以下是愷悌君子的三個相貌。

一、**準頭豐隆**：鼻子下端隆起的部位，叫做「準頭」，這兒圓厚端正而廣大，便叫「豐隆」。大抵有此相的人，個性隨和，為人正派，誠實敦厚，講究信用。《靈山秘訣》上說：「**豐隆圓大，忠信仁慈。**」《麻衣相法》也說：「**準頭豐大心無毒。**」如對方具有此相，兼且眼睛靈活、目光溫和有神，更是個令人由衷敬佩的對象。

準頭豐隆：心性仁慈，講究信用。

二、**劍鐔口**：所謂「劍鐔」，是指劍柄隔手處之環節。古劍之鐔，多呈

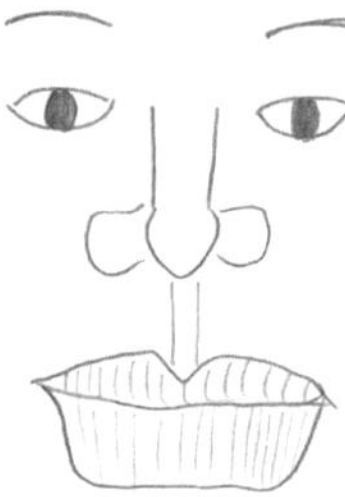

劍鐔口：重道義，可共患難。

反扣的杯狀作覆盃狀，寬厚明顯而方正。凡口型寬厚方正、稜角分明，一如劍鐔之狀的人，重道義，講信用，溫和敦厚，正大光明。我們若有幸碰上這種能「共患難，託死生」的仁人君子，應盡力結交、多與之交遊才是。

三、**視瞻平正**：兩眼平行、直視無偏、眼珠端凝不動者，是個「非禮勿視」的君子。此人不虧信守、不欺暗室，剛正不阿，直道而行，雖橫逆不改其志。所以，《麻衣相法》稱其：「為人剛介心平。」只是此類良朋益友，求之於當世，已不可多得了。由於誠信君子，古已罕見，於今尤少。請君多把握，此人最忠心。

四種麻煩人物

兩人的糾紛已夠麻煩了，偏偏有人性喜調停，好充和事之佬。如果他的手腕高明，秉公持正，能將「大事化小，小事化無」，那我們可是遇到貴人啦！或恐是前世修來的福份。不過，我們也可能碰到下面這四等人物，由於他們的介入，竟使小事變大，委實棘手。至於他是不是我們命中的「小人」，也只有天知道了。在此就先從專愛做好人，喜居中邀功的「豕視」說起。

豕視：並不是指長著一對像豬的眼睛，而是指其人雙目矇朧、黑白不明，其眼神渾然如豬一般。《孔叢子》有云：「**其為人也，長目而豕視，必體方而心圓。**」意思即是說，此輩人士從外表看起來，儼然是一副廉明正直、忠心耿耿之狀。究其實際，乃是「攘小利不先，赴小義恐後」，處處做作的偽君子而已。其肚子裡到底有啥鬼心思，就無從知曉了。因此，我們千萬別因受其「小惠」，或見其「小義」，便放心交其全權處理。畢竟施小惠，赴小義，原本就是他的拿手好戲哩！

像《東周列國志》上即載有魏安釐王對其大臣子順說：「**大夫馬回，志**

豕視：外表正直，內裏卻是個偽君子。

節梗直，我想用他擔任宰相，不知是否恰當？」子順答以：「長目而豕視，則體方心圓。我每以此法相人，萬不失一。臣見馬回。非不偉其體幹，只是甚疑其目。」可是安釐王不以為然，仍起用馬回為相。但這位「小馬哥」非但未報答知遇之恩，反而招權納賄、圖謀不軌。結果，竟落個梟首示眾、滿門抄斬的下場。看了這個故事，我們能不心生警惕嗎？如果此公除有豕視之相外，其身軀又矮短肥胖，則其「心圓而無定」（見《人倫大統賦》）的個性，必表露無遺。

懸針紋：好打抱不平、個性剛介的「懸針紋」，也是個惹不起的人物。所謂「懸針紋」，是指印堂正中處，有紋如針懸在那兒，像「百戰天龍」影集中的馬蓋仙便是。有此相者，自我意識強烈，喜歡強出頭，對自認為正義的事，必專注有恆、全力以赴，而且是不達目的，絕不甘休。因而甚易開罪別人，以致人緣不佳。姑不論他是否站在我們這邊，肯定會帶來些「麻煩」，讓我們有時「盛」情難卻，反而左右為難，不知該如何是好。

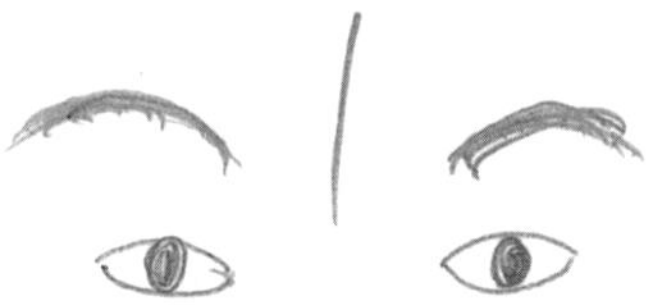

懸針紋：自我意識強烈，不畏艱難困苦。

山根痣：喜歡攬事，包在我身上的「山根痣」，其介入是成是敗，殊難斷言。山根介於兩眼之間，通常其上長痣，會有三個含意，一是擔當重任；二是梅開二度；三是與仙佛有緣。後二者與本文無涉，暫且不論。此痣必須是烏黑光亮的善痣，而且恰居中央的才算。其上若有三橫紋尤驗。此公有「先天下之憂而憂」的情懷，遇事向前，絕不退縮。因而常「捨我其誰」，夙有「重擔一肩挑」的胸襟。如果我們放心交付，不聞不問，他絕對會負責盡職，肯定不讓你失望的；但當雙方都想自力救濟，他卻熱心過頭，竟而越俎代庖，自做主張，相信彼此心裡都很不爽，且對這號「無」事生非的無聊人，心裡一定頗不以為然的。

雞眼：好管閒事，性急難容的「雞眼」，對啥事都感興趣，喜歡撈過界，凡事愛插一腳，偏又不能容物，是個窮攪和又硬拗的傢伙，到處惹人嫌。此君一旦出現，閣下最好敬謝不敏，免得惹

山根痣：遇事向前，捨我其誰。

雞眼：上眼簾呈銳角人字型分叉，眼球轉動快速。這種人好管閒事，常撈過界。

一身腥羶。

當這四種老兄出現的時候，如何善處交遊，不傷和氣，必定會讓閣下傷點腦筋，但不可不慎重處理。不過，諸君也可能具有以上四相，是以當你義勇赴「公」，想做調人時，切忌避免上述的情形。要不然，好心沒好報，當事的兩造說不定「『罵』你千遍也不後悔」呢！

看罷本文後，相信閣下對各路人馬的長相、特性及因應之法，已有相當的認識，甚利於問題的解決。然而，在協商、談判的當兒，對方是首肯？抑或拒絕？的確無法全從面相來判斷，此時，惟有借助於眼神、言語、聲音和肢體語言，欲明其中奧妙，就請續看第三篇的「肢體語言露玄機」吧！

第二篇

體相——進一步的深層觀察

脖子好壞也有學問

脖子有頸、項之分，是全身之棟樑，咽喉之所在，
觀察的重點在於是否長得長而均勻、圓大有力。
連同喉結有無顯露，痣長的位置，
甚至皮膚光滑或粗糙，
都得一併考量，全面關照。

頸項俗稱脖子，又號頭莖，頸、項在古時區隔甚嚴，現在則無所分別。脖子是頭部與身體的連接所在，頸指的是前半向陽部分，為呼吸及飲食必經的途徑；項指的則是後半背陰部分，為睡覺時受枕的地方。故「頸項者，上扶一首，下據四體（即四肢），乃全身之棟樑，又當咽喉之所在，宜其正而直也。」

頸項因為是流通之地，上下之關鍵，故須長大才符合標準。但在觀察這

一部位時，本身的長相固然非常重要，但尤其要配合整體一併觀察，不可輕忽。否則，將有掛一漏萬之虞，反而會瞧不清楚真相。因此，本文先探討其本身部位之好壞，再談談喉結、露筋及痣斑等相，最後則是整個的配合觀察。環環相扣，挺有看頭。

脖子宜長又均勻

由於頸項之格局，可定一個人運途的好與壞，是以在觀察頸項時，不外探討其長短，大小、厚薄及正斜這八方面。頸項宜長，但要均勻，果能如此，男子稱之為「鶴頸」，能夠遇合發達，而且指日可待；女人則稱為「鳳頸」，除助夫旺子外，亦是大貴之相。不過，光長但細，其勢孤弱的話，必然貧賤，男女皆然。頸項忌短，最怕頭與肩連，短而不見。倘若如此，則男主困苦，女主破財。但能短而方，則主根基厚，亦是佳相，可主福祿。

頸項宜大又圓

頸項宜大，更要能圓，如能圓大而有力，其人必定量宏器大、志向遠大、智識作為亦大，兼有福祿，可謂善相。頸項甚忌狹小，最怕幾乎不見。如果是不圓而又下垂乏力，其人必主器量狹小，志向卑微，思想作為均小，這種井底之蛙，無法談大道理；更要命的是「**項小應知年壽促，縱然富室莫商量**」，若再歪斜，更是不好之相，恐怕貧乏早夭以終。

頸項之上，依其生長的玩意兒，大至喉結，小如痣斑，對人的命運都有其一定的影響力。此外，餘皮與露筋，亦有其占驗性與準確性，且聽我一一道來。

喉結宜隱不宜顯

喉結為項部喉骨的隆起物，宜隱藏不宜顯，即使可看得見，也不要太凸顯，看得清清楚楚。若顯露易見，不拘胖子或瘦子，都非佳相。《水鏡集》上說：「項有結喉，貧滯多災。瘦人結喉主迍邅，肥人結喉招橫禍。」便是指此。歷來同論者甚多，如「瘦人結喉必困滯，肥人結喉定橫夭」（見《公篤相法》）等是。

其實，喉結是指喉骨特別高突，明顯地喉部肉不附骨，骨與肉很不相稱。男人在青春期，通常會發育成喉結現象。但它是否顯露，每因人而異，但瘦子大都喉結明顯。要是喉骨不特別高突，本無大礙。無奈異常明顯，將會有禍臨身。瘦子若具此相不過「困守」、「身孤」兆，頂多破祖離家，勞碌奔波，妨妻剋子，弓火田中鰥寡以終，這些尚堪忍受，故云：「瘦人結喉獨自可。」

肥人結喉則不然。因為「肥人結喉遭枷鎖。」此相雖少見，但亦會發生。推其原因，乃項上肌肉虛薄，先天元氣不足，非但剋害親人，而且刑剋己身。《太清神鑑》上說：「肥人結喉，壽短難留。」而且「散走他州」，「橫死在外頭」，即是指此。另女人不論肥瘦，均不宜露出喉

結喉掀唇：一生貧困，永世不得翻身。

結，否則做風大膽，妨夫絕子，終生孤苦（見《公篤相法》）。

此外，結喉者不能掀唇，會導致「貧困隨汝老」的結果。不宜露出牙齒，因其會「親戚不相交」。更不可聲焦語嘶，必然是「貧困無聊賴」且「災病運崎嶇」，可憐到了極點。至於結喉者多夢遊，將「惡夢恆自鬧」，是否真如此說，需進一步觀察，才知箇中原因。

項有餘皮，指的是項後有餘肉堆積。凡具此相的人，形體必然肥碩，背厚腰粗腹凸，而且精神健旺。故有如此之相，「定為厚福之人」。此外，餘皮亦包括「頷下髫垂」，此即頸項有明顯之橫紋環繞不斷，像《玉管照神局》即謂「**項下雙滌成一條，此是人間壽呈魄。**」且有三條環繞頸項者更佳，此又叫做「壽線」或「壽帶」，乃可享高壽之相，故云「永保遐齡之慶」。具有此相的人，若其法令紋再長及頸際，絕對百

結喉露齒：語無倫次，親友亦難交心。

壽線：可享高壽，身體亦佳。

歲可期。像清乾隆時，湘中耆老湯雲程，其壽竟高達一百四十歲，高宗御賜匾額，款題「古稀再慶」，寓經歷兩次「人生七十古來稀」之意。湯老得享如此高壽，應是具有壽帶及法令長及頸際，雙相兼備之故。當然，此壽線雖壯年已見雛形，但完全出現應在半百之後，如果非常明顯，則在七十歲上下時，便能觀察透徹。

法令長及頸際：長壽吉兆，百歲可期。

頸上皮膚光滑為大貴

頸上最貴皮膚光滑明潔，這是大貴的特徵之一。《人倫大統賦》即指出：「光隆溫潤足權柄。」具備這種相的，如果特別明顯，一定可以入閣，像出任部長或署長之類；只是明顯的話，仍有可能出任地方上的高級官員。總之，是具有領袖群倫及掌握權力之善相。但究竟是掌握財權、軍權或監察權？他本身的局面大小又可到何種程度，則依其五官（

耳、目、鼻、口、眉）及六府（三停正中畫分成兩部分）來斷定，不可一概而論。

若頸上的皮膚粗澀黑暗，必窮賤不能通達，而出現斑癬者，常會多蹇滯或一生多險，凡事小心為要。另頸項部位，凹凸如露筋蚓者（俗稱露筋），此多應在羸瘦之人相上，主「刑剋人丁而多勞」，是個平生辛苦不得休息之人，「苦其心志，勞其筋骨，餓其體膚，行拂亂其所為」，美其名是天降大任者也，究其實，終究是歹命人罷了。另外，後頸比臉白的「主榮」，能「作廊廟之良弼」，是個極佳的幕僚長人才。

頸上善痣為公關人才

善痣是指黑如漆或紅如珠且凸出的痣；惡痣則為灰白色、淺咖啡色，平而不顯著的痣。脖子上出痣，倒不全是壞事，只是出現在喉結上，易夫妻貌合神離，兄弟水火不容；若在喉結兩側，亦作如是觀，只是作用大減。倘在其上方中線兩側有之，男則多情而有飛來艷福，但易形成桃花劫；女則感情脆弱，容易受騙失身。

【頸上的痣】

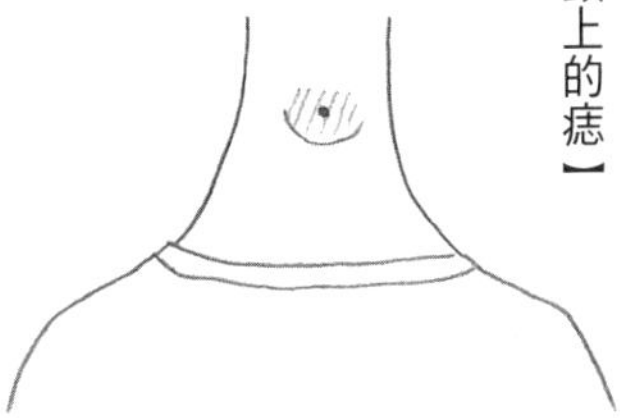

喉結上：夫妻貌合神離，兄弟各自盤算。

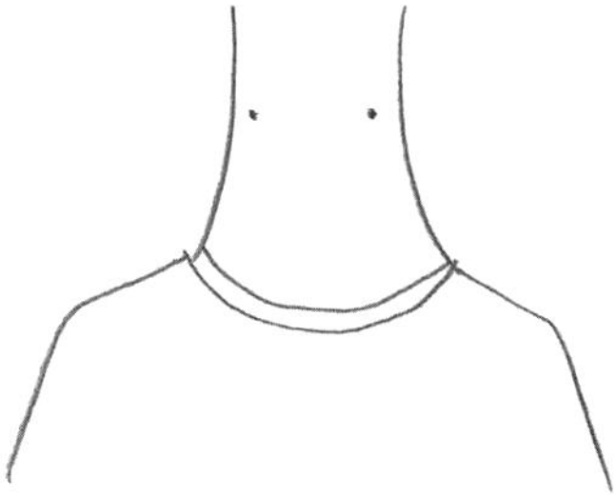

喉結兩側：夫妻貌合神離，兄弟各自盤算，兩側的情況較輕。

上方中線兩側：（男）易有桃花劫，（女）易受騙失身。

痣如出現在項側，不論男女，皆是擅長交際之相，善痣當為公關人才、長於斡旋；惡痣則是三姑六婆、喜說是非。此痣亦可驗應酬多寡，善痣雖應酬多，但耗財少，惡痣則任意揮霍，每至虧損而後已。痣如出現在耳後旁，其功能相似，不論喜惡之痣，皆主有求必應；善痣知所節制，惡痣則花錢似

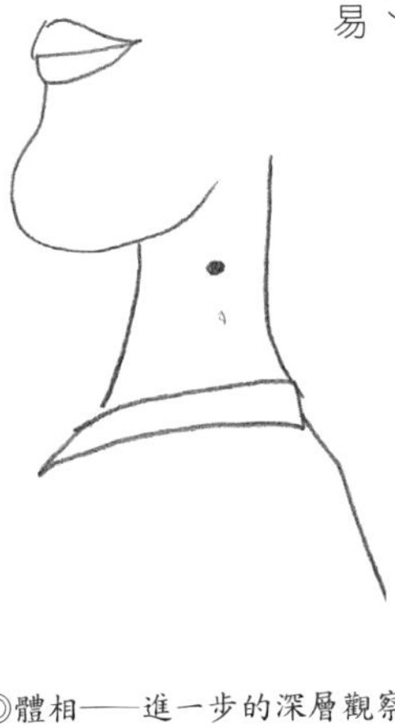

項側的善痣及惡痣：（善）公關人才，善於斡旋；（惡）喜說是非，性好揮霍。

流水，揮金如土。

項上（脖子後面）之痣，一在頸窩（即腦後髮際中央低窪處）及其兩側，另一則在髮際兩側。生在頸窩正中，主其人好色貪淫，縱慾過度，以致精力虧損，善痣僅小損尚無恙；惡痣則透支且傷身。長在頸窩兩側，善惡大有分別。善者富人情味，惡者心志不堅，感情游移，漫無標準，容易受人利用。如在髮際兩側，不論善惡，皆主其人心腸軟，富同情心，善者因而好運連連，惡者每至厄運纏身。

【脖子後面的善痣及惡痣】

正中：好色貪淫之輩。

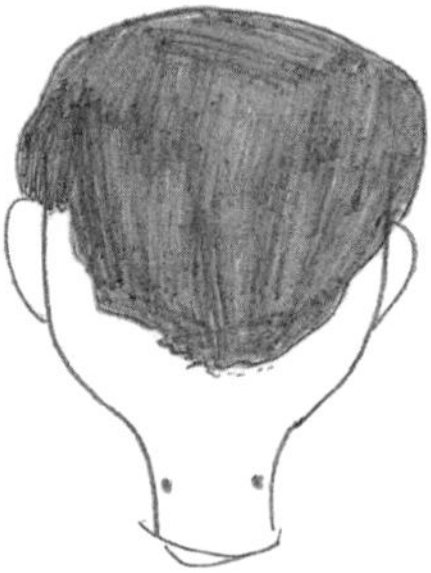

正中兩側：（善）富人情味，（惡）心志不堅，易受操弄。

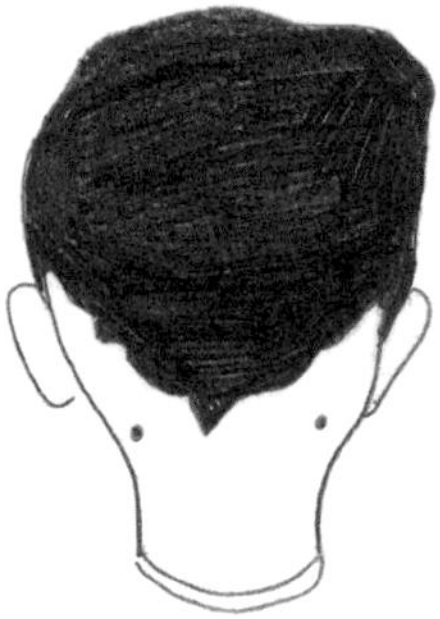

髮際兩側：心腸較軟，有同情心。

肥人頸短 瘦人頸長

光論頸項，難免遺珠，若同體相一併細看，應可詳盡明確。一般而言，身材不外適中及肥、瘦三種，適中的身材，不在討論之列，且看肥與瘦這兩種。

肥人頸稍短，瘦人頸稍長，此乃自然鐵則，由於「肥人頸要短，血氣合循環，頸長氣易餒，福壽不完全」，另「瘦人頸略長，中氣乃舒暢，項短心狹症，五勞並七傷」，實在不容輕忽。如今，其人居然違反此一天道現象，必定無法邀福，只有受禍一途。因此，相法會推定「瘦人項短致災殃，肥人項長必夭亡」的結論，也就不足為奇了。

看頸項的長短，尚有一則鐵律，此即相書上所說的：「肥人不忌項短，而忌項小也；瘦人不忌項長，而忌項弱（挺不直）也。」《秘本相人法》引伸其說，更謂「瘦宜長，女亦宜長，面長者亦宜長，否則刑子（對子女有妨礙，主要是思慮多，讓孩子無所適從）；身長者亦宜長，否則無壽。惟肥忌短。」由此觀之，「肥人項短瘦人長，自是聲名播四方」，自在情理之中。

另西方人亦有觀察頸項的方法，大致是說凡身高頸長有肉之人，不論男女，皆主家世清白，格調高尚，具有高雅品味，且對文學及美術方面，甚能展其長才。這些觀點大致上是不錯的，具有一定的參考價值。

燕頦虎頸大貴相

最終，我要介紹的是一種奇相，此即「如燕頦者大貴，如虎頸者權威」的萬里侯封之相。據《後漢書．班超傳》上的記載──「班超……相者指曰，生燕頦虎頸，飛而食肉，此萬戶侯相也。」班超在東漢時，年少投筆從戎，在西域四十年，威震七十餘國。他能如此光耀史冊，即是具備了燕頦虎頸的大貴相。現在闡明其義如下：

頦位於下巴（地閣）及兩頰（頤）之下，項以上的地方。燕頦即是頤骨

燕頦虎頸：異路功名，一方之霸。

寬廣，兩腮飽滿，地闊豐闊，頸肥而壯，上有肉環起，一如燕子狀。而虎頸意指項後圓滿餘皮出，前項不具喉結顯，頸脊強起平玉枕（即玉枕骨，乃腦杓後方凸起處），整體望去同虎形。凡具此相者，既主個性嚴猛，又主晚年亨泰，榮華歷久不衰，權柄牢牢在握，絕對是異路功名的絕佳代表。

頸項「上載六陽（即頭），下瞻百谷（指肚子，因其若滄溟之，能容萬物），不可不觀」。觀察之法，因穿著較少，可一覽無遺，宜在夏季，一旦北風起兮，勢必就看不著或看不清了。

看肩，能知承擔力

肩，堅也，男宜平方寬厚，女宜圓斜豐垂。高抬夾頸的肩，不足以託付重任，左右高低不平的肩，也會影響運勢，後肩若有美痣，將是厚福之人！

肩膀是我們身上擔負重物的所在。故常引申為一個人是否有擔當？有作為？能肩負多少責任？由此可知，肩相在相學上自有其重要性，實不容等閒放過。

肩肥厚者富貴命

在相書中，對肩的相法討論不少，著墨頗多。究竟肩的定義為何，請先看《實用解剖學》這本書上的解釋：「肩，係由肩帶、肩筋、肩胛骨及飯匙骨等所構成。肩帶或稱肩膀，由肩胛骨與鎖骨合成。肩筋由肩帶而起，直達上膊（通膊，即肩臂之部位），以催起上膊之運動。肩胛骨在背肋上成片狀三角形，近背心者薄，近肩處漸厚。鎖骨俗稱琵琶骨，在胸廓之前上部，內端連於胸骨，外端連於肩胛骨。此骨多運動則發達，

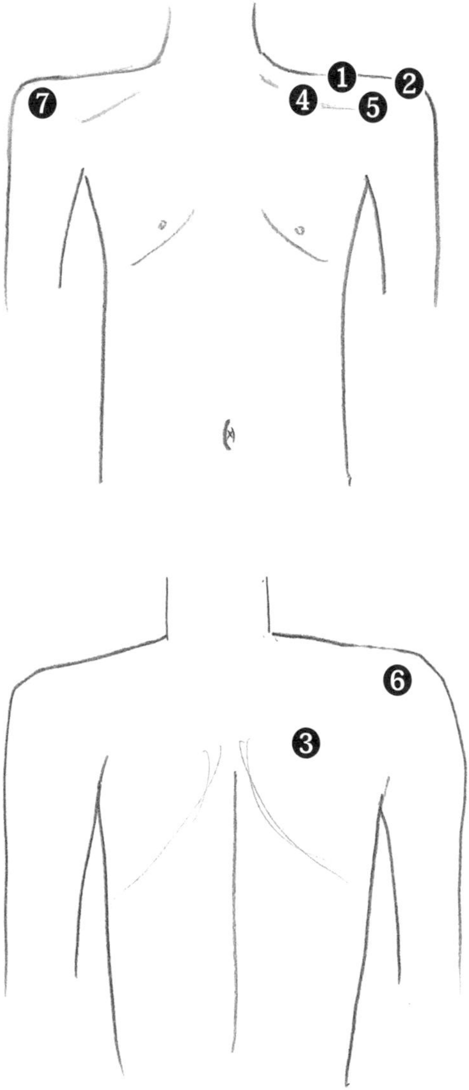

肩帶或稱肩膀，由肩胛骨與鎖骨合成。

❶肩筋 ❷上膊骨 ❸肩胛骨 ❹鎖骨（即琵琶骨）❺飯匙骨 ❻肩頭突起 ❼關節窩

不然則縮小。飯匙骨係鎖骨與上膊骨相連之處，其與關節連接之部曰肩頭突起；上膊骨向關節之面曰關節窩。」由上述可知；肩，簡言之，即是項下臂上的部位，因要探討到其細微之處，權且抄錄此段，目的是使諸君先有個深刻的印象。

肩，取其音，即「堅」也。因堅方可承物，故宜堅厚而闊，巍峨且峻；千萬不能狹薄寒削。故先賢王朴云：「形之不足者，肩膊狹斜；形之有餘者，肩膊齊厚。」便是這個道理。王文潔先生更加以剖析說：「肩蹇削者，貧賤；肩肥厚者，富貴；與背膊相稱者，自然福祿。」可見古人用肩的形相來觀察一個人的窮通禍福，並非毫無根據。

肩相觀察五要點

欲察肩相，由下面五點觀看，雖不中亦不太遠。一是望之「有」、「無」；二是男女有別；三是兩側高低；四是「平」、「尖」不同；最後，則是痣的影響。在此特為諸君詳加解說，俾能瞧個明白。

1.肩之「有」、「無」，係指其圓厚抑或削薄。不論男女，皆取其「有」。這主要是指有否臂膊而言，凡臂膊豐厚圓秀者，謂之「犀膊」。以此形容該處有如犀牛之角既平且闊，又厚又圓。凡具此相者，多幼慧少達，若是讀書人，將功課佳且學歷高，故《人倫大統賦》上說：「犀膊者，為儒早亨。」另古人多半「學而優則仕，仕而優則學。」遂可「優於從政」，成為社會上的中堅分子。如或不然，望之似削，若無肩狀，則謂之「無」。《公篤相法》稱：「男子肩下削，主百事不成，寒苦度日；女子肩下削，主刑夫剋子，淫亂凶死。」似此之人，豈能成事？其言可謂一語中的。

2.男女之肩，不可一概而論。大抵男宜平方寬厚，女宜圓斜豐垂。如「男似女」，將「老年孤寒」；「女似男」，則「剋夫害子」。說來好像在危言聳聽，其實頗有道理。只是適用於古代，今日無從比照。實在是因古今社會有異，男女地位，不同以往。不過，如引而申之，男人有女肩，則生性疏懶，志氣卑弱，不堪任事，恐難以立足社會，晚境自然不佳；而女子有男肩，必遇事躬親，有為有守，任重道遠，是女強人之流。只是古人認為「女子無才便是德」；主張「三從」；難怪會出現剋（妨害）夫害（阻撓）子的說法。時至今日，若還有男人主張女子必須「三從四德」的話，鐵定會被群雌「起而攻之」，斥為大男人主義者。

3.**「肩所以觀人之負荷，格（兩肩的比例大小）要平等」**，《秘本相人法》如是說。然則，肩完全平之人，畢竟有限；若其肩不平，左右不等的話，據《燕山神相》云：「**左肩高於右肩，白手成家；右肩高於左肩，大破家私。**」但此所指的，是一般的看法；其實，男女依舊有別。

【肩之左右高低與運勢的關係】

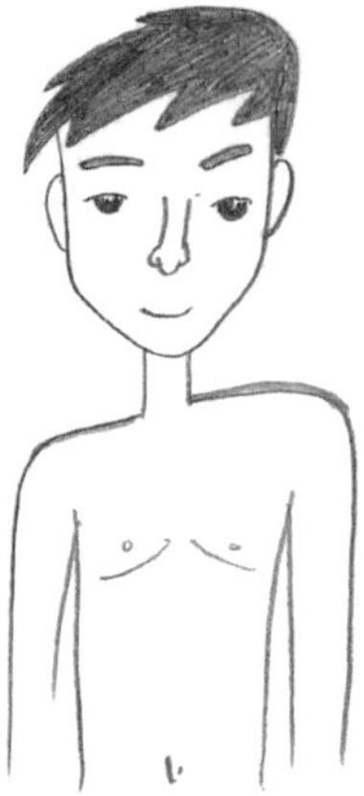

男，左高右低：可享美食、美服。

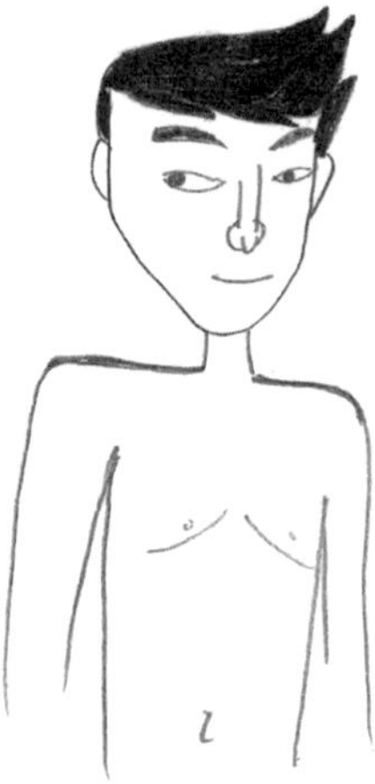

男，右高左低：老運差，常挨

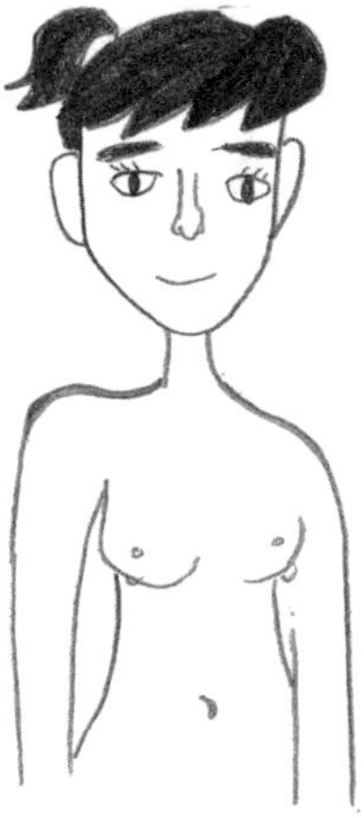

女，右高左低：富而嬌，驕且傲。

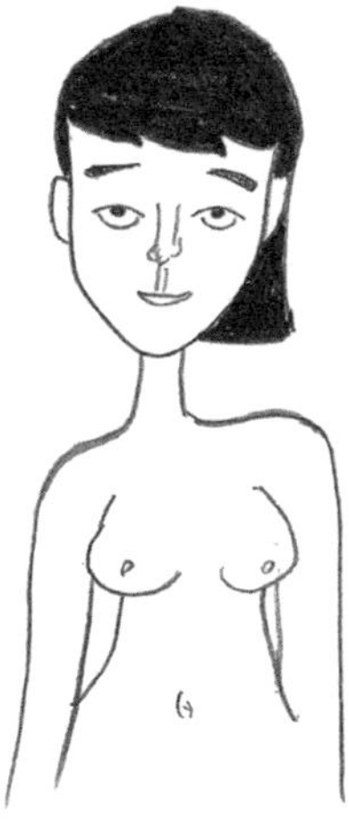

女，左高右低：持家既勤且苦。

《相術口訣真傳》上的說法，倒是可供參考。其云：「男子右肩高，老運定饑餓；女人右肩高，雖富也嬌（指嬌生慣養）傲（指高傲）。」又云：「男子左肩聳，美食美衣裳；女子左肩聳，勞苦作嫁娘。」足見肩的左右高低，對於一個人的行運，確具有一定程度的影響。同時，有脊椎側彎症狀的人，將會影響到內臟的位置與血液的輸佈，久而久之，健康（諸如高血壓等）將打折扣，心情跟著起伏，決斷也就無法盡如人意了。

4.**肩膀喜平不喜夾**。蓋「肩要平而厚，聰明有胸度」、「肩平志堅硬」（以上見《相術口訣真傳》），可見肩平之人，志向堅定，胸襟又廣，必受人敬重，負有時望。而所謂夾，係指高抬而尖起，與一般所說的聳有異。近代相學名家王宇綏曾就其觀察心得指出——「高抬夾頸，膽小畏死，未宜從公；向後夾挺，狂野誇大，不可重用；向前夾者，奸險莫測，難期信義。」諸君涉足都市叢林中，做人處世，當對此銘記在心，

【肩痣圖】

❶肩膀上：自我設限，壓力極大。
❷後肩：好享受，多為老饕。
❸肩胛骨：表彰人際關係，看盡人間冷暖。
❹鎖骨：表彰人際關係，看盡人間冷暖。

【正面】

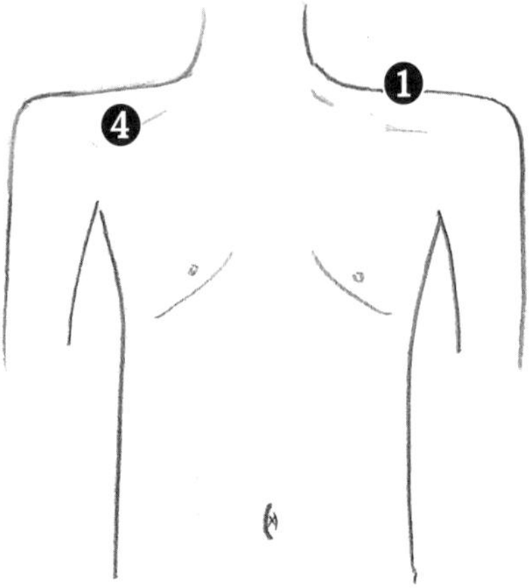

【背面】

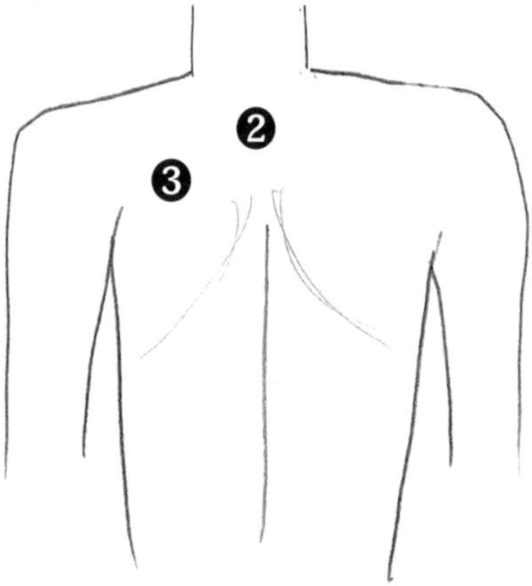

將有無窮受用。此外，高抬夾頸是種恆態，而聳肩是一時的情態表現，歷時不長。但這兩者的姿勢和形狀，倒是相去不遠。

5.肩膀上長痣，要看其生長的部位，彼此意義不同，不可混為一談。由於肩膀上生痣的人，他本身的壓力或心理負擔較一般人沈重，常杞人憂天，自我煎熬。此惡痣（色暗而淡）長於後肩，必是老饕之流，將因貪食無饜，導致消化器官不佳；如係美痣（或紅如丹、或黑如漆），將是厚福之人，生活豪華，能極聲色之娛。倘痣生肩胛骨之上，如屬善痣，則善處人際關係，如魚得水；若係惡痣，恐喜怒不定，難以捉摸。鎖骨上如有善痣，此人必交際手腕活絡，可以廣結善緣；若發現惡痣，將高尚其志，離群索居。又如此痣係長在鎖骨近肩胛處，不論善惡，均非君子人也，巧於逢迎，世故圓滑，與鄉愿又有什麼差別。

鳶肩者，升官三級跳

肩相最有特色者，當為「鳶肩」，此乃雙肩上聳，狀如飛鳥之相（即聳肩持續不變的狀態）。在中國歷史上，生有此相的人不少，最著者有四：即春秋時，晉國大夫叔魚的「鳶肩牛腹」；東漢的大將軍梁冀（實際當權者，號稱跋扈將軍）為「鳶肩豺目」；唐代中書令（即宰相）馬周的「鳶肩火色」及宋朝名相寇準的「鳶肩火形」。鳶肩的特色是「騰上必速」，也就是發達甚早，升官三級跳。像梁冀為東漢順帝梁皇后的哥哥，初拜河南尹，過沒多久，即取代父親梁商而為大將軍；馬周則是因唐太宗召見，進而賞識，旋授監察御史，擢中書令。不過，鳶肩的人下場都不好。如叔魚因貪瀆招謗，憂憤而死；梁冀伏罪自殺；寇準則遭奸人排擠，死於流放途中；馬周的英年早逝，還算是得善終的哩！所以《人倫大統賦》形容成「恐不多時」，所言的確不假。

因此，欲窮肩相之奧，配合其他部位一併觀察，最能看得出其所以然來。《水鏡集》上說得好——「肩闊面方，諸事亨通；肩闊臀尖，老無結果。」諸君若遵此以為準繩，衡量往來之人，即使不全中的，也相去不遠了。

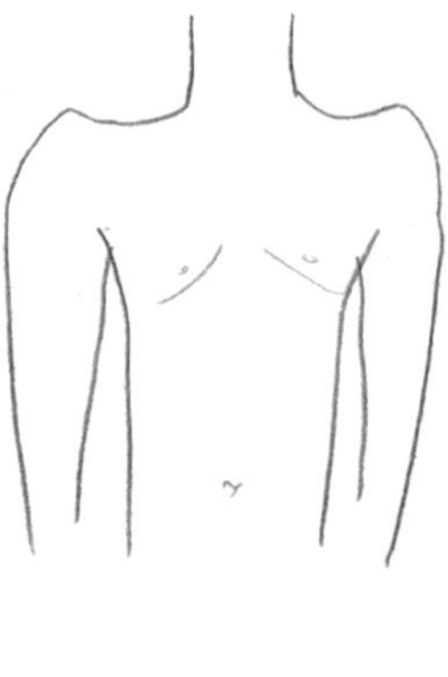

鳶肩：升遷迅速，但好景不常。

胸懷千里藏萬機——兼論乳相

寬闊、平伏、飽滿的胸，內臟得以健全舒展，
胸相佳，再配合面相、神韻觀察，
必可見一個人之窮通禍福。
雞胸凸露為賤相，胸懷美痣能成就大事，
乳房之形狀亦可窺見性格之一二。

胸部，或稱胸膛，人之所以有胸，就像屋之有堂。其部位在頸下腹上，乃胸椎、胸骨、肋骨所圍成之空腔，上口狹小、下口廣大，內藏心臟、肝臟及肺臟等重要器官。一般而言，男人的胸部較大，女子則較小，兒童則短而廣。相學經典之一的《靈山秘葉》即指出：「心臟神，肝臟魂，脾臟志，肺臟魄，腎臟智。而胸懷則羅萬象，藏萬機，為才華、器宇、精神、氣魄之宮殿。」其重要性究竟如何？已盡在不言中了。

寬平博厚是好胸

好的胸相，首在「寬平博厚」，如此可「賢明而早廁縉紳」；最忌「坑陷淺窄」，似此必「愚暗而多居貧賤」（以上皆見《人倫大統賦》），現在我就根據此點立論，好讓閣下明白其中蘊藏的奧妙。

寬平博厚，如按照字面上的解釋是胸部寬闊、平伏、飽滿及肌肉發達。惟有如此，內臟才能健全舒展，不會形格勢禁。內臟既強，疾病不作，才有源源不斷的生命力，成就一番事功，說得更玄些，臟腑的強弱，實與一個人的膽識、器度、信念，抱負及嗜好有關，由此而推，則智慧、志節、品格等亦淵源於此，可以見微知著。相書即據此立論，如《相理衡真》云：「胸平正而長闊兮，斯福智之駢臻。肉博厚而寬廣兮，懷蓋世之經綸。」《相術口訣真傳》亦云：「胸要平而厚，思想自堅固；胸闊若再圓，長壽與財祿。胸闊厚再圓，處事多泰然。……胸闊平而長，金玉積盈箱；胸長思想深，從容大氣量。」似乎只要具備好的胸相，就一切搞定，好得不得了。

事實上，卻不盡然。君不見許多勞動階級、武打明星及軍警武夫之流，其胸部不都長得寬平博厚嗎？其間實有分別，不可一概而論。由於人之富貴貧賤，不光是形佳即可，神更是觀察重點，故有「一身之精神，具乎兩目」（見《冰鑑》）的講法）。因此，我們只能如此解釋，凡胸部「寬平博厚，只是體形優越的一個條件而已，其他的稟賦如何，關係更是重大。假使體相無一不佳，面相又能合乎中節，惟其如此，才有望「早廁縉紳」，亦即少年得意，官運享通，從而「必貴顯」、「定殷實」（以上見《水鏡集》），「位列三台不用猜」、「早步雲梯意氣揚」（以上見《相理衡真》）。

坑陷淺窄多貧賤

坑陷淺窄，講的則是胸部坑陷而不平坦，淺窄而不擴張。凡具此相者，其心、肺等器官，勢必深受擠迫，礙難舒展強發，呼吸易促，食物易滯，其體質先天不足，每造成心理失衡。如此孱弱愚鈍之人，不僅其壽難永，而且昏聵懶散，縱欲躋身上流社會，也不過是南柯一夢、癡心妄想而已。就算其面部五官生得不惡，也只是保個平安，不致浮沈罷了。

《神相全編》對坑陷淺窄的定義，說得最為透徹，指出：「胸狹而長謀難成，……突然而起愚下，窪然而起貧窮，狹窄如堆者頑鈍，……凹落如糟者窮苦……」。閣下仔細玩味，應得其中三昧。

《太清神鑑》論胸云：「形之有餘者，胸平廣；形之不足者，胸起似昂藏（指氣度軒昂）。不惟主身富，更定子孫昌。」這兒所謂的「似昂藏」，即是《水鏡集》中所說的「如覆舟兮，必身榮以子貴！能匱身兮，定縉紳而懷仁。」按覆舟指的是「胸若壓身」（形長寬闊且平厚），具此相者，格局不差，肺活量大，體魄較健，做事牢靠可勉學而成，能「富貴多珍」。

至於凸露有如「雞胸」，則是賤相。《相理衡真》云：「雞胸骨挺最貧窮，作事慌忙沒始終，朝暮營求無下落，勸君只可伴豪雄。」不僅如此，還會害及六親。原來胸部凸出者，率多個性急躁，容易衝動，理解力低，好色貪淫，好逸惡勞。故《人倫大統賦》謂之「胸突者，躁而多劣」，要是此君胸部長滿長毛，更驗。說明他實在難有作為，恐怕還會早夭。

據《中國醫學大辭典》的說法：「胸骨有三塊連合為一，位於身體前部中央、兩側與肋骨相接，構成體腔。」事實上，只要胸肉厚實，從外觀上自然看不到胸、肋骨。君不見非洲之飢民乎？瘦骨如柴，餓得像皮包骨頭一樣。故《神相全編》稱：「骨起如柴者，貧苦。」《水鏡集》云：「皮薄無肉，衣食不足。」《相術口訣真傳》亦云：「胸骨凹成槽，貧賤且坎坷。」可見不是無的放矢。因此，「胸骨崚嶒小鬼形，自為自受苦伶仃。污勞筋骨營謀去，可嘆浮生水上萍。」應是千古不易之論。

胸懷美痣能成就偉業

只是有一異相，甚為奇特，此見於《左傳》，晉國的公子重耳逃到曹國，曹國的國君聽說他有駢脅之相，想要看個明白，就趁他在洗澡時，靠近仔細瞧。所謂「駢脅」，按孔穎達的解釋，駢就是併連，胸肋骨兩兩相連似一骨狀，意即肋骨緊密相連好像長在一塊兒。在中國歷史上，除了重耳之外，倡導連橫的秦國宰相張儀，也有駢脅之相。東漢大思想家王充在《論衡．骨相》一書中指出：「晉公子重耳仳（即駢）脅，為諸侯霸（指重耳登基為晉文公後，成為春秋五霸之一），……張儀仳脅，亦相秦魏（張儀前後出任魏國及秦國宰相）。」史上記載的這兩人，一為霸王令主，一為強國宰相，均非等閒之輩。諸君倒可自行觀察，看看自己是否位極人臣或獨霸天下？

胸口長毫毛或生痣，基本上，古人大半都給予極高的評價。像《相理衡真》便云：「一痣當胸兮，兵權萬里之虎臣；一二毫抽兮，胸藏八斗之才人。」又云：「毫吐二三有盛名。」、「胸有毫光，名播四方。」究其實，果真如此嗎？且聽我細細道來。

胸部的毛與痣，在此討論之前，須先聲明一點，那就是要先具備好的胸相，不然就沒啥好說的。有了這個前提，探討才有意義。按理說：前胸正中有美痣者，其人少懷大志，有心逐鹿中原，終能登上寶座，成就一番偉業。如為惡痣（大而色暗），其人包藏禍心，陰險狡詐層出，結果害人害己，落得身敗名裂。若是女性，則看法有異。前胸有痣，則主熱情如火，善痣則始終如一，惡痣必三分鐘熱度，讓人捉摸不定。

胸部有毛，大前提是不能多，頂多只能三根，如黑得發亮，聲名必顯。若在十根以內而細軟者，其人亦有遠志，但不見得成功。倘毛如亂叢而粗，即非令相。《人倫大統賦》云：「毛長者，剛而好嗔。」便是指胸膛長毫叢生者（按：老美不少人如此，故毛毛躁躁者多），個性都比較強，凡遇爭端，多訴諸武力解決，性暴輕怒，常讓人受不了。若能濟以學養，亦非吳下阿蒙，倒不見得是沒出息。

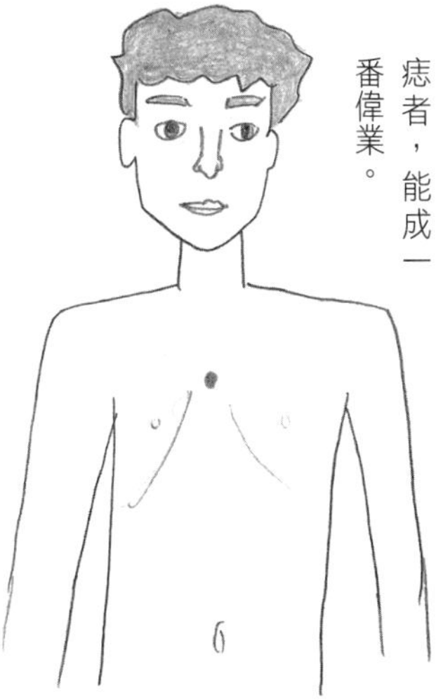

前胸正中有美痣者，能成一番偉業。

乳房有學問

乳房據胸廓左右，為乳腺集合之膨大部分，且女子乳腺較男子尤為發達。成年女子則在胸廓兩側，廣延第三至第七節肋骨間，呈半球形。妊娠中，乳暈自然肥大，逐漸呈現暗色，腺質隨之增加；分娩後，則特別脹大，乳汁充盈。故在討論此節時，須知乳相因作用而異，且女相較有探討空間。

男子之乳，乳頭宜堅實，色黑有光，代表精力充沛，能夠堅持到底，主富貴而子亦賢。反之，則體力不濟，思考遲鈍，怎能有所作為？至於如先賢石階所稱的「乳欲開而闊，大而正」，「乳闊者，胸襟開朗，乳狹者，志拙見短」，於男性無關宏旨，但對女性而言，則極為重要，因其兩乳豐滿隆起，占胸廓的大部份，是導引血脈流通及哺育嬰兒之唯一器官。故婦女氣盛血旺則乳多，氣衰血枯則乳少。乳大而肥長，乳頭或紅或紫，則氣血盛而生育多；乳小短薄，乳頭或黃或白，則氣血衰而生育少。

乳之形狀，西方研究者，多半分成六種，即圓盤形、覆碗型、圓錐型、吊鐘型、橘狀型及絲瓜型。其中，圓盤形者多為神經質，性格不太開朗，絲瓜形者則主性格懶散，愛慕虛榮，半為風塵女郎。橘狀型每見於老婦，圓錐型則富熱情，性格外向，占有慾強。吊鐘型及覆碗型均佳，

【幾種乳相及性格】

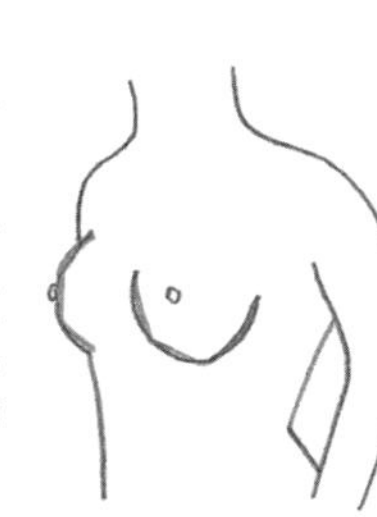

橘狀型：每見於老婦。

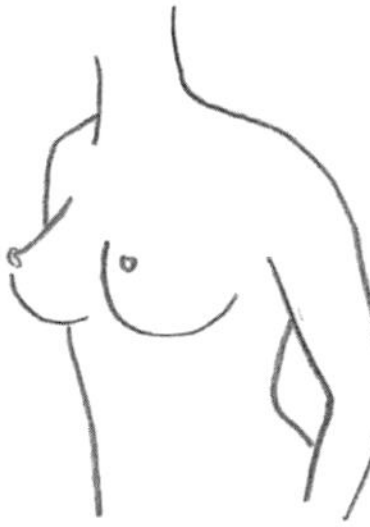

圓錐型：較富熱情，性格外向，占有慾強。

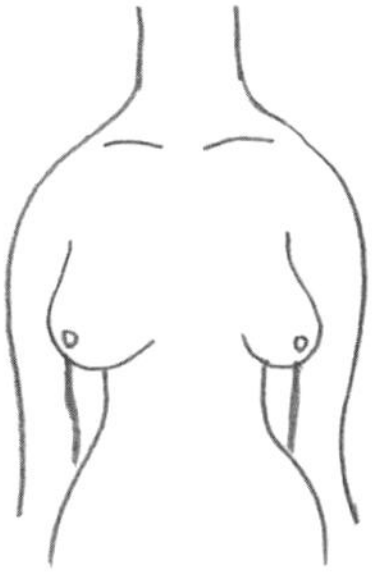

絲瓜形：性格懶散，愛慕虛榮，易陷風塵。

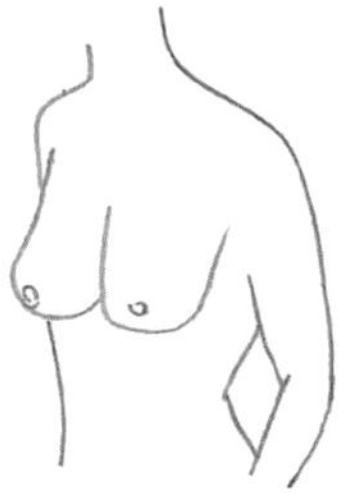

吊鐘型：賢妻良母型，多見於生第二胎以後的婦女。

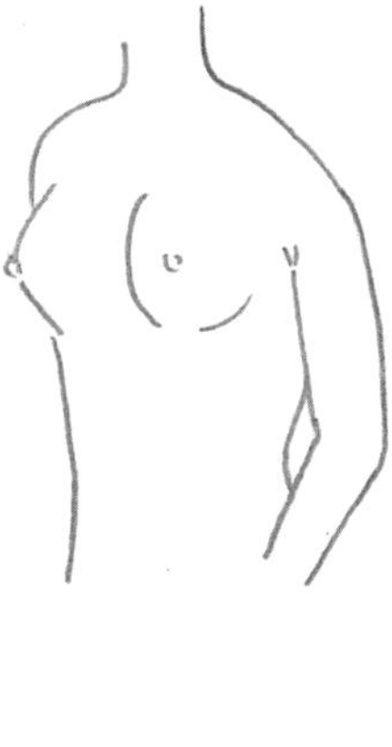

圓盤形：多為神經質，性格不開朗。號稱「太平公主」。

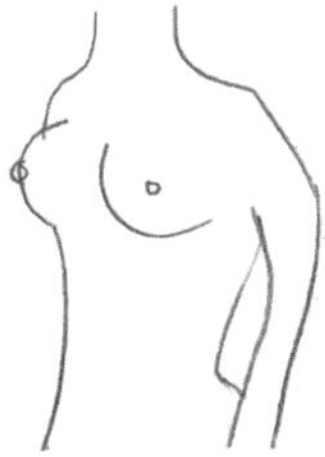

覆碗型：善於持家，賢妻良母典型。每見於初為人母者。

為賢妻良母典型。惟吊鐘型多見於生第二胎以後者，覆碗型每見於初為人母者。

乳者，宜高不宜低，宜正不宜曲，宜堅不宜軟，宜大不宜細，此為中西之通論，無須多作解釋。反此者，每難生育或兒孫必夭，實非善相。惟《乳相捷訣》所稱的「乳頭生痣，早生貴子。乳頭生毫，聰明志高。」及「乳頭有黑痣者，弄璋弄瓦，乳頭生毫者，為楨為幹」之說，甚有斟酌餘地。

善痣惡痣差很大

乳頭生毛，大抵不錯；長痣之論，則有細究之必要。善痣固主子女賢能，惡痣則另當別論，如生於其上方，可能生殖機能有障礙，男女皆難生育。如生於其下方，當有不正當之色情行為，紅杏出牆、暗室偷香。生於其兩側，皆主情真意摯，惟善痣「一路走來，始終如一」，惡痣則多多益善，花名在外。

《相理衡真》論胸時指出：「所以藏萬事，為神之宮庭。宮庭深廣，則神安而氣和；府庫傾陷，則智淺而量少。」論乳時表示：「據心胸之左右，運氣血之流通，哺食兒女之宮，辨別貴賤之表。」事實上，男子的看法必以胸相為先，女子的看法則以乳相為要，閣下在觀察時，尤須注意及此。如果不知竅門，胡亂信口開河，勢必差之毫釐而失之千里了。

觀察背景趣無窮

「背景」是事業的推動力和支撐力；背部則是觀察後盾與福祿的重要所在。狀如虎背，如浮龜，形如「貝」，都是貴相。背身宜正宜直，背上長痣更為人中龍鳳！

約莫二十二、三年前，我和三、五個好友閒逛新公園（即今二二八和平公園）時，望見有不少相士在替人看相。中有一老者，法號「蘇靖山人」，是我的小同鄉，彼此素不相識。他指著同行一女子之背，說：「此女會嫁個好丈夫。」大家相顧愕然，莫名其「妙」；山人乃以《麻衣相法》相告，並說：「**女子背圓，必配良夫。**」我聽了以後，還是不怎麼明白。爾後窮研相術，方見類此的記載不少；如《靈山秘葉》云：「**女相背圓，必嫁貴夫。**」《相法口訣真傳》云：「**女人居此（背圓）**

相，秀士是前緣。」而「相背捷訣」亦謂：「女子背圓，必嫁秀男。」經過一番細繹深思，我終於參透其中的奧妙。

漢初三傑之一的韓信，活用「陷之死地而後生，置之亡地而後存」的兵法，背水一戰而大勝趙軍，繼而出任齊王。其實力與楚（項羽），漢（劉邦）相當，成鼎足之勢。當時，有一謀士名蒯徹，以相人之術遊說韓信，展開如簧之舌說：「相君之面，不過封侯，又危不安。相君之背，貴乃不可言。」（事見《史記‧淮陰侯列傳》）歷來的史學家多謂蒯徹的原意，不過是想運用相人術去迷惑韓信，以期達到三分天下的目的。但我不以彼等所言為然；畢竟相背之法是相學中的重要一環。其中不乏精義，且為諸君們娓娓道來。

背部宜豐隆平闊

關於背部相法，《人倫大統賦》上說得好，即「夫背所貴者豐隆，身乃恃而安定」。胸部在我們身體的正前方為目光所及之處，是為「陽面」；而背部則剛好相反，位在身體的正後方，自己無法看到，是為「陰面」。其範圍是由頸至腰，與胸、腹總和略等。也正因為背部是一個人的根本部位；所以，一定要長得豐隆飽滿；否則，勢必無法支撐身體的安定。儘管其人前相（胸、腹）佳美，卻後相（背）虧虛，即使目下甚好，終究不會長久。我們不也常聽人談及某人的背景如何嗎？其意即為後背「有靠」的人，每穩如泰山；而「無靠」的人，難免風雨飄搖，經不起考驗。因此，我們可以論斷出：「背景」是事業的推動力和支撐力；而背部則是觀察其人後盾與福祿的重要所在。

大抵一個人不論肥瘦輕重，都宜背部豐隆平闊。如此者，才會抵抗力強，身體康健，以致福澤綿延；其反映在個性上必然剛強果決，敢作敢為。反是者，每身體衰弱，力不從心；性格多柔弱怯懦，遇事則優柔寡斷，能倖免於難者，畢竟不多。故《靈山秘葉》云：「背若負重，貴而壽康；圓如團扇，亦主高官；寬平廣厚，福祿綿長；短薄坑陷，家無儲糧。」的確有其道理在，諸君宜反覆玩味，三復斯言。

觀察背相，應從背之勢、形、骨、痣等四方面著眼，才能看得詳盡、瞧個透徹。即連一絲之微，亦不輕易放過。

富貴的背形

背之勢，最好是「**若據山之蹲虎（一稱坐虎）**」，這樣才能「利賓於王」。蓋蹲虎的姿勢，最能襯托出背部寬厚平起，氣概雄峙；其氣象猶如《冰鑑》上所說的「負重」，當可躋身高官之位。各位想必會對「利賓於王」這句話感興趣，想知係出自何典？愚按：此語典出《易經》，即八卦中之觀卦爻「利用賓於王」。這等於是說宜以賓客之禮，親於邦國。明言之，即背若蹲虎者，必有王佐之才，足為國家元首之賓友。如已故之張資政岳軍先生，其能襄贊戎務，歷抵卿相，便是得此相之善者。

至於背之形，若以弧度來看，最佳的是「如出水之伏龜」和「粗圓如

如出水之伏龜：早年發迹，仕途平順，可享厚福。

虎背」者；若就形狀而言，則以「宛如貝字」者最好。大凡背形如「伏龜」的人，泰半早年發跡、仕途平順，一生絕少有大風險，即使躬逢其「盛」，也能履險如夷。甚至瀕臨死亡的邊緣，居然也會發生奇蹟，其變化完全出乎意表。此外，他老兄居官雖不一定能掌大權，但可安享厚福，做個太平顯宦；不僅位高望崇，而且養尊處優，受盡福報，真是個上上吉相。《人倫大統賦》上也說有此相的人，將「考終厥命」。意即能得善終，絕不死於非命。他老兄竟能享如此厚福，實與其賦性忠誠純篤有所關連。而背形如「虎背」者，據《蟠龍命相》上的說法，此人將「**終生神旺，子孫昌、多成器、光耀門楣，幸福無窮。**」可見得虎背之人，將會生育貴子，子孝且孫賢。當然，背形如「貝字（即方而長）」者，亦是上相。詩訣云：「**宛如貝字真豪富，芝蘭玉樹盈階前**」，表示此人「有智而福」（見《萬金相法》），以資產雄厚、饒於錢財著稱，而且家中亦能調教出賢

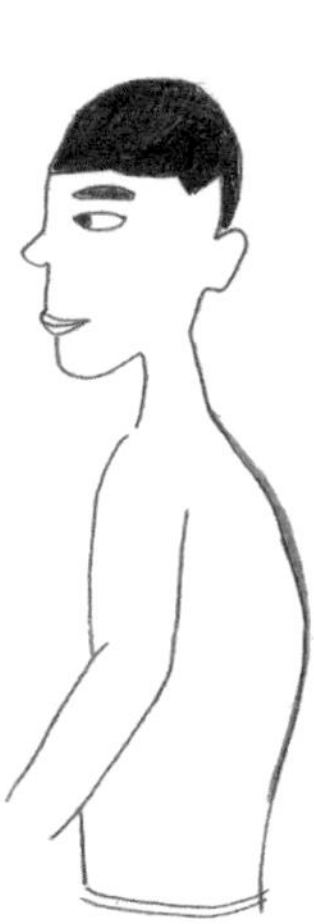

粗圓如虎背：能生貴子，子孝孫賢。

子弟來接棒，正是後繼有人，足振家聲之相。

以上所言，俱是佳相。但背形如果不正，而是「偏側欹斜」的人，境遇就悲慘多了。蓋其人根基原本薄弱，先天已然不足；加上後天失調，易受嘲弄，最後必坎坷潦倒地過了一生。又根據優生學的原理，其亦難培育出好的下一代，甚至有「絕嗣」之虞，聞之真令人心酸。

既然談到背骨，難免要兼談背之皮、肉及身。近世解剖學發達，據醫學的研究指出：背之中央由三十三塊短骨重疊而成者，稱為「脊椎」；在上七塊曰「頸椎」，次之十二塊曰「背椎」，再次之五塊曰「腰椎」，腰椎之次五塊相合者曰「薦椎」，尾端四塊發育不全者曰「尾椎」。脊椎之全體累累彎曲，能分減重力、緩和震動，藉以保衛腦、脊椎與五臟六腑之安全。

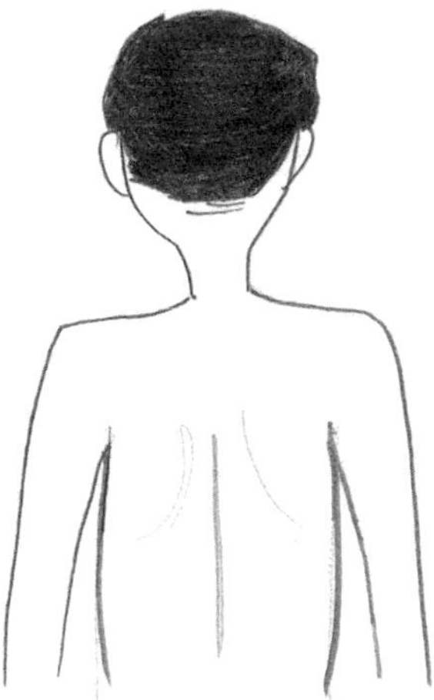

貝字型：有智慧，多福氣，後繼有人。

中國上古的刑罰有鞭刑，輕微者笞臀（即打屁股），嚴重者才鞭背。因鞭背易傷及脊骨，致受刑人終身受損，實為一大酷刑。而今中國早廢此刑，但新加坡當局猶存「古」風，不啻「禮失求諸野」的最佳寫照。幾年前還因其將刑諸美國劣童，鬧得不可開交，不僅美國朝野關注，舉世亦為之側目，堪稱一大奇聞。

背皮宜厚　背肉宜堅　背身宜平

大致上來說，背皮宜厚，可以禦風寒；背肉宜堅，可以防不測；背身宜平，則脊骨得以平均發展，使精髓充滿其中；背身又宜直，則骨架堅強，不至壓抑肺部。具備這三項——即背皮厚、背肉堅、背身直三者能居其一的人，皆為上相。另在《蟠龍命相》一書中，其相背肉謂：「背長肉潤且厚、不癡肥，機智坦率，仁厚俠義，福蔭子孫。」足可見其好處極大。此外《相法全書》相背肉亦謂：「若屏風然，前仰後俯（指前看若仰，後看似俯），隆然而起者，福厚壽足。」已說明背身及背骨的妙用。如果不是這樣，或「露骨」、或「坑陷」（可參看《秘本相人法》），前者必多病（尤其是癆症）而又劫財（即耗盡資財）；後者則多災而又勞苦。如此之人，亟欲尋求富貴壽考，無非癡心妄想而已。

背上長痣　人中龍鳳

背上之痣，也是不容等閒視之的。有善痣者，古相書謂：「男兒志在四方，莊敬自強。單騎特立（猶言單槍匹馬），遊歷乎天涯；奮志創業，超軼乎人上。」女人而有此痣，亦「天才橫溢，女中丈夫」。可見背上長痣，無論男女，皆是天生麗質，堪稱「人中龍鳳」。諸君竟有此良相，誠可喜可賀之至。

肩胸腰背一併觀察

末了，我國相法主張相不獨論，必須兼看相關連的部位，才能收相輔相成之效。通常與背一併來觀察的，是肩、胸與腰這三個地方。在古相書中，類此併看著，亦不勝枚舉。如《水鏡集》上說：「肩要平厚，背喜闊長。」《靈山秘葉》則云：「腰圓背厚，威振九州，富貴兩全，兒孫多福。」又謂：「胸寬背厚，為儒早發。」等是。諸君不妨多方詳參印證，相信必有所獲。

可惜的是，觀察「背景」終究不若「足下」方便。因為欲看足相，隨時可除鞋褪襪，握腳細看；即使在沐浴或洗腳之際，怡然自「賞」，也是別有一番滋味在心頭。而當閣下露背的當兒，能看得一清二楚的，盡是旁人；自己卻只能在背鏡擦洗時，方能瞧些端倪，實在不便得很。只有趁盛暑來到之時，建議閣下多往沙灘或池畔走走，既可入水悠哉遊哉；又能出水觀望周遭，一覽無遺。這對研究「背景」助益之大，就盡在不言中了。

鮪魚肚好不好？

腹，是身之治爐，入口飲食在此消化提煉，勢如垂囊之肚，是豐裕的象徵。

腹相的觀察宜在四十歲之後，美腹，非成功的唯一條件，若精力不足，也屬枉然。丹田部位長痣，每每是情慾象徵。

大文豪蘇東坡樣樣皆能，智慧高人一等，除此而外，他還是個有名的老饕，寫過一篇名文〈老饕賦〉。長年的貪食佳餚，使他有個大肚子。有一天，他挺著大肚子問女侍們說：「我此中何所有？」粗蠢者說：「盡是雞鴨魚肉。」稍慧黠者說：「相公滿腹詩書。」惟獨愛妾朝雲說：「學士一肚皮不合時宜。」東坡大樂，一時傳為佳話。

胖是發「福」嗎？

肚子位於胸部之下，正式名稱是腹。裏頭包括腸胃，是一身的治爐。所有入口飲食，莫不在此消化，故《人倫大統賦》稱之為「水穀之海」。腹部中央最明顯的標誌就是肚臍。當嬰兒初生時，便有一條細長管道聯繫在母體胞衣上，此即臍帶。等到人一呱呱墜地，臍帶作用已失，必須加以除去，剪脫之處即「臍」（又名臍眼）。因為臍帶是胎兒吸取母體養分的必經途徑，故《人倫大統賦》直接稱它為「筋脈之源」。

腹部既然是消化樞紐，自然是以汲取養分愈多愈妙。假使消化不良，營養吸收不足，必定身體瘦弱，以致百病叢生。因此，既圓且厚，就成了消化良好，飲食豐裕的象徵。反此則是胃納有限或是無福吃喝的表象。而在缺乏食物的年代裏，大腹便便無疑是富貴之人的一大特徵。

肚子的形態宜圓而長，氣勢宜下而垂，膚理宜滑而厚，只要一眼望去，就知是個量大有福之人。故俗稱身子胖了為發福。人的形體所以會發福，說來不外是本身健啖又有美食消受，動作緩慢沒有惱人壓力，神經大條加上天生樂觀這三項。不過，第一項，現因西式速食大量流行而有所改變，形成營養過剩，導致自然發胖。另常飲啤酒且不事勞動之人，亦因集中發展，而有「中厚」情形，將變成「腹大無托，空求名利」的結果。另一有趣的現象為凡是肚子「中廣」，每是胖子垂而向下，瘦子中段突出，一「峰」獨聳。

另外，所謂的鮪魚肚，即腹如垂囊之相，有此相者，多為生活安逸悠閒之人，即使有點慵懶，仍是上好的相。至於腹相在觀察的重點上，男女並無太多區別，只是女性注重身材，會刻意減肥，就算生活得優哉游哉也甚少大腹便便，露出「環」肥之相。

腹相以四十歲以上為準

就觀察腹臍之相來說，的確不如其他部位精采，遍閱名家相書，也只在圓肥窄瘦上作文章，講不出個道理來，而今綜合各家之說，讓諸君探其精蘊。

大抵來看，看腹相以四十歲以上的人為準，比較看得出名堂來。圓厚而肥，固然是其要件，但妙在須「勢如垂囊」，即寬鬆下垂，有如布袋。《玉管照神局》一書便道出此中真象，如「勢欲垂而下，……腹懸向下，富貴主壽；腹墜而垂，智合天機……腹如抱兒，四方聞知」即是。這種肚形，相學術語叫「腹有三壬」或「腹如懸箕」，這話出自袁柳莊《人象賦》，指出：「腹圓厚如懸箕兮，有三壬之超倫。」不僅既富且貴，而且聲名遠播。

其實，肚子長得好，並不是成功的唯一條件，須多方觀察，才不會失準。比方說：「十個胖子九個富，一個不富沒屁股。」就道出精力不足，即有美腹亦枉然。畢竟「有腹無臀，定少兒力」，但反過來說，「有臀無腹，苦無財物」。以上，皆見《水鏡集》。

腹有三壬：可貴而壽。

腹以三壬為貴，但何謂三壬呢？一語道破，即望之似「垂」字，就如同背以三甲為貴，三甲即指「壘」字，意為背厚若壘。此二語出自《三國志・管輅傳》：「正元二年，輅長歎曰：『吾額無主骨、眼無守睛、鼻無樑柱、腳無天根、背無三甲、腹無三壬，皆不壽之相也，恐四十七八不見男婚女嫁矣。』果四十八歲而卒。」按管輅其人，深明《周易》，數學通神，兼善相術。其語已道出相不獨論，總須配合觀察，才能靈驗如神。

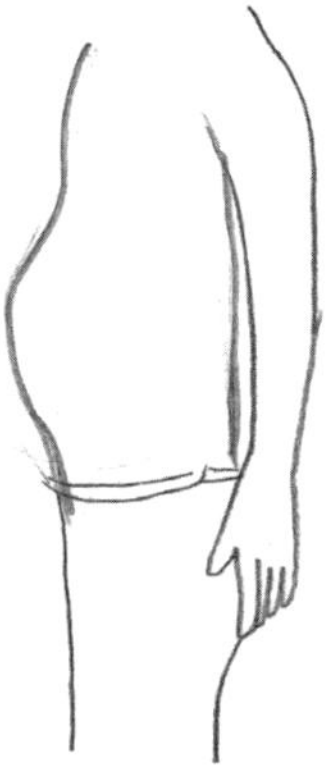

狗肚：懶惰之人，窮困以終。

腹無三壬的情形很多，主要是指腹短小而皮薄，此相並非善相，迄無一辭褒美。像「腹小緊而起，貧賤壽難延」、「腹短氣亦短，財壽實難言」等是。相中又有兩格局，尤屬惡相，此即狗肚與雀腹。前者指

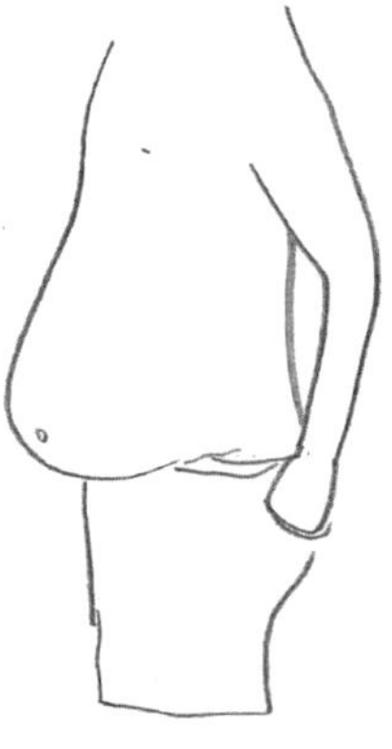

腹如垂囊：生活安逸優閑之相。

腹部儉薄短縮，《鬼眼經》：「狗腹不容百粒，其聲不遠十步，貧、賤、夭。」主其人懶惰無智，終生窮乏。後者謂腹部窄小而瘦、《人象賦》云：

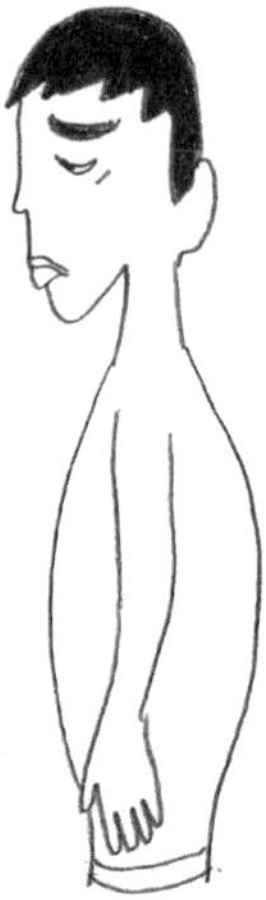

雀腹：貧病交加之相。

「或雀腹而貧病之邅迍。」指此人貧病交加，運途多舛。

肚臍也能鑑定窮通禍福

肚臍在人身上無啥作用，卻可鑑定一個人的窮通禍福，寧非怪事？綠園主人曾說：「肚臍慣常是不怎麼為人所重視的。它等於瓜蒂一樣，瓜熟蒂落之後，這蒂也就失去效用，然而它卻可以給賣瓜人識別這瓜究竟甜也否？……完全是表現先天情況的標誌。」此說看似持之有故，但細玩之後，又看不出個所以然來。

《人倫大統賦》上說肚臍的看法是「深寬、富貴、淺窄、孤貧」。直截了當，詞簡義明，總嫌不夠完備。《太清神鑑》就談得深入多了，指出

「臍欲深而闊，不欲淺而狹。深而闊者，智而有福；淺而狹者，愚而多賤。低向下者，有識；突向上者，無智；圓而正者，善士；斜而醜者，愚人。藏而深者，福祿；凸而出者，賤夭。大能容物（一般是指李子），名榮邦國，小而一撮者，惡傳鄉里。」是否真如此說，我可不敢打包票。雖說我閱人無數，但觀臍相則有限，囿於學經歷，實不敢妄語。

《柳莊相法》是一部探討女相的經典之作，其說法當有參考價值，請諸君姑且聽之。其論腹臍云：「腹垂下，臍近上，天然衣祿；腹近上，臍朝下，老主孤窮。凡婦人臍乃子之根，乳乃子之苗；女身不論肥瘦，凡臍深一分得一子；臍深半寸得五子。臍貴方大，小則子嗣難期。如臍內有毫，必生秀子。婦人臍小、腹小、腰偏者，縱面佳亦不得子也。」講得倒是很玄，就不知是否信而有徵了。

腹臍部位的毛與痣

腹臍部位，還有毛與痣，毛只討論它在臍內與臍下部分，餘則無多大意義。臍上之毛，除女人必生秀子之外，男則主「志氣凌霄」，頗思有一番作為，即使臍相本身欠佳，亦能化腐朽為神奇。惟臍下（意指下腹）不宜見毛，男子長毛者，多性情兇暴，女子長毛者，每性好淫慾，似此皆非善相。

臍內有痣，先看部位好壞，才能論及其餘，如臍孔朝上、大而且深，此痣便有錦上添花之妙，主和氣生財、衣祿豐盈，女人尚可旺夫興家。倘臍孔朝下、小而突者，此痣則有雪中送炭之功，略可彌補缺憾，發揮一些效果。另有一種說法很新穎，只是至今無法印證。其云：「兩夫妻一人臍內有痣，一人背部對臍有痣，感情背道而馳，作為處處對立。」

下腹（指臍至下陰之間）正中（約在丹田處）有痣者，每喜陳倉暗渡，與已婚之人有桑下之約，因而惹上麻煩。此部位男左女右有黑亮之痣者，主情慾旺盛，女人若值虎狼之年，更極盡巫山雲雨之能事，常使男人禁受不起；男右女左有黑亮之痣者，則主性能力良窳，年歲愈高，愈見成熟而游刃有餘。倘此痣顏色暗淡，則持相反解釋，不分男女皆性慾淡薄，即使做愛，每以虛應故事散場。

腹臍是一個不易觀察的部位，不著泳裝，難窺其奧，觀人甚難，自相則易，在沐浴之時，尤洞悉無遺，希望本文的討論，能提供閣下一個自我了解及省思的機會，根據天生賦性徹底發揮潛能。

扭腰擺臀見風情

小蠻腰非貴相。沒屁股或翹臀是大忌。

男人的腰，最好是兩側呈直線、略帶弧狀而下；女人的腰，不僅宜平，宜正，而且宜直略闊。渾圓的臀，通常性情溫順和惠，具有富貴氣象。腰無好痣；臀部的痣常與桃花有關。腰、臀應配合胸、背與身材觀察，連同歲數一併考量，瞭解古今審美的價值觀，才能給予正確的判斷。

對一個舞者來說，最能表現其肢體語言的首在四肢、其次則是腰臀，而女人在行走之時，若能將扭腰擺臀發揮得淋漓盡緻，必能呈現無限風情，引發起不盡遐思。

腰部「居人身七節之間（指頭、頸、背、胸、腹、股、脛），上行夾脊

（指背脊與項脊）至泥丸（指上丹田，即兩眉間的印堂），下達尾閭（指尾閭骨之末節，其骨甚小，形如尾閭）連督脈（奇經八脈之一，為身後之中脈），前通臍、後接臀，性命之大關，此所以『要』也。」（詳見《相理衡真》）另《神相全編》亦云：「**腰者為腹之山，如物依山，以恃其安危也。**」其重要性由此可見。至於臀部，係兩股上端與腰相連之部分，乃人體最後生成之部位，俗稱「屁股」，「為胛（指夾脊肉）下尻（指坐骨）旁之大肉，可以殿後而坐也」（語見《中國醫學大辭典》）此絕對是身體不可或缺之部分，自不待言。

腰相標準古今未必相同

古人相法的觀念與今人大相逕庭，之所以會有如此歧異，除了物質與環境外，思想尤居主因。遠在上古，「七十者，可以食肉矣！」降及近世，地主仕紳最稱富饒。前者有蛋白質和脂肪補充，而且較少勞動，體形自然肥厚；後者腰纏萬貫，生活優渥，錦衣玉食，體態格外圓闊。因此，肥厚圓闊就成為其評論腰相的首要條件，只是這種說法是否適用於今日，實在大有問題。

且翻開古相書來看，像「腰闊而圓，福壽兩全。腰大而肥，富貴根基。腰圓形厚，福祿悠悠」、「腰圓者，既富且貴」、「肥厚圓闊，乃福祿之人也。」、「腰生疊肉，發財而延年」、「腰格三部圓，一氣合天機，健康且多壽，富貴更多見」等，不無溢美之辭。反之，則是「腰細折弱，東走西索。腰薄又側，三十之客」、「短薄則多成多敗」、「若細而狹、薄而削，乃貧賤之徒也」、「偏而陷者、貧薄」倒是古今一體，確為持平之論。

原來腰相佳者，應是直圓而硬；即體胖者，腰欲粗而圓，體瘦者，腰欲直而硬。男性之腰，直平宜圓，即兩側最好是呈直線、略帶弧狀而下。如此，則有望富貴，得享福壽，體健且少病。最怕的是細與折，細腰難支大廈，不但是短命之人，而且素無大志，庸碌一生。折腰即「裊曲」、「偏斜」「凹陷」的綜合體，乃腰最下等之相。至於女性的腰，看法則與男性不盡相同，不僅宜平，宜正，而且宜直略闊，但不宜過圓，上部稍細不妨。此雖與今日之審美觀念有些出入，惟東方婦女實應以此為準。諸君想必有人持異議，認為趙飛燕以細腰而為漢家天子所喜，進而母儀天下，論貴無出其右，怎能說是惡相？其實，看人應觀一世，飛燕姊妹最後慘死，總不會是好相吧！

【理想的腰】

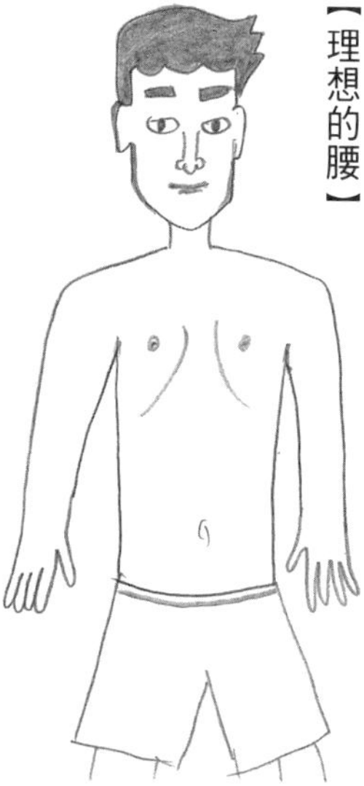

男人：直平宜圓，即兩側最好是呈直線、略帶弧狀而下。

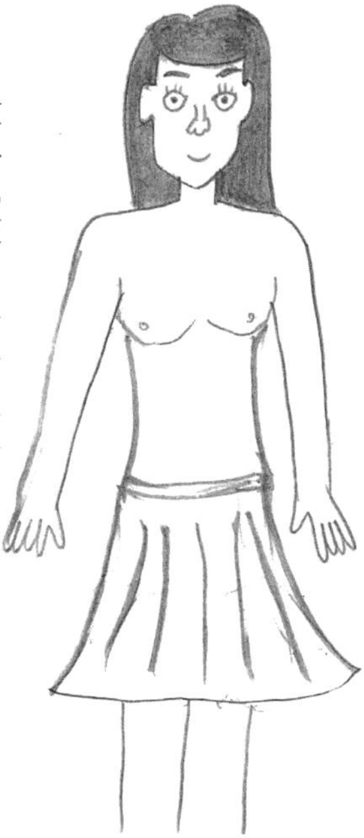

女人：宜平、正，而且宜直略闊。

健美先生的腰古人評價低

在此，且先討論三種特異體相，做為觀察腰相的另一借鏡。先賢高味卿曾說：「蜥蜴腰者，性殘而危；黃蜂腰者，性鄙而邪。」這兩腰全是指曲腰（非指先總統蔣公生前愛吃的曾文水庫曲腰魚，而是指腰彎曲而有力），是今日健美先生及魁梧男子千方百計想練成的身材，怎麼古人會給予這麼低的評價呢？關於此點，就牽扯到價值觀了。

自宋代以後，朝廷及社會上普遍重文輕武，武人出路有限，地位不高。空有氣力及好武藝也難出人頭地，光宗耀祖。再加上亂世時多，治世時少，此輩武夫，每常嘯聚山林，強行收買路錢，殺人奪財無算，除少數被招安外，一旦被官軍平定，多半綁赴法場，身首異處，於是而有「性殘而厄」或是「性鄙而邪」之說。古時的武人大多曲腰，也因此彼時對於曲腰的評價自然就不高了！

至於水蛇細腰（俗稱小蠻腰），則賴束腰而得。原來西方女性以束腰為美，與東方女性裹小腳無異。君不見電影《亂世佳人》中，郝思嘉在赴宴前猛束腰的鏡頭嗎？束腰之後，體態更見輕盈，蠻腰一捻，風情無限，難怪全力以赴。其實，凡腰細者，體重必輕，體重太輕，身體必弱，如此之人，不耐勞苦，難於任事，決非善相，殊無足取。這應是西方婦女近來亦少束腰的緣故吧！

男臀宜圓大 女臀宜平圓適中

歷來探討臀相，很少單獨立論，泰半配合觀察，遍閱相學名著，只有《相法集成》略云：「臀如懸瓠（指葫蘆），肉堅韌者，男主福厚，女則宜子。」

大抵說來，男女性臀部的看法，仍有其區別。身為男子，其臀肉宜肥而堅，其臀形宜圓而大。既肥堅又圓大，則兩股有力，腰肢得托，必然精力旺盛，方能有所作為，成功機率大增，有望致富取貴。但徒大不圓、僅肥不堅，這人十分懶散，凡事輕忽苟且，一生渾渾噩噩，守成尚難，何況創業？另臀部瘦削，多半學養不足，卻驕矜自滿，不可能成才，絕對難成事。

【理想的臀】

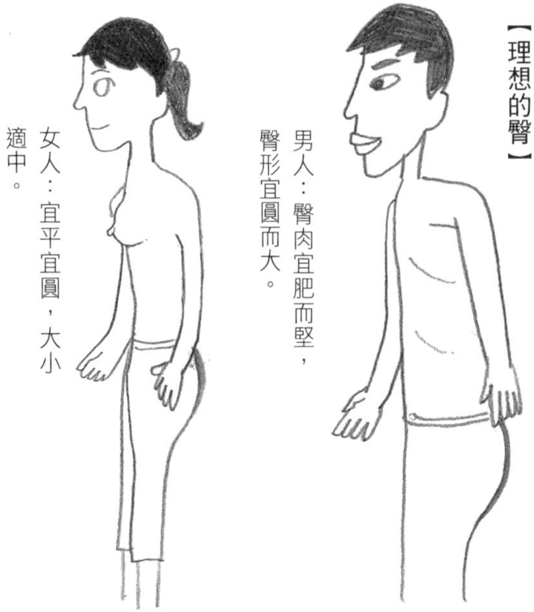
男人：臀肉宜肥而堅，臀形宜圓而大。
女人：宜平宜圓，大小適中。

而觀察女子臀部，首在宜平宜圓，大小適中。圓而大者，宜男之相（能多生子，且多生男）這在農業社會，因需壯丁力作，鐵是一流佳相，成為爭相婚娶目標。現在厲行節育，就不再那麼吃香了。倘大而無當，其人雖精力充沛，但會任性妄為，好爭是非，乃三姑六婆的頭頭，其丈夫將是個受氣包，永無安寧之日。臀如太小，則上半身與下半身太不相稱，腰肢易損，兩足無力，非但不能生育，而且短壽易夭。臀呈方平，其人必貞潔端正，每每受人敬仰；臀呈渾圓（並非球狀），其人必舉止落落大方，性情溫順和惠，具有富貴氣象。但臀如尖凸（形凸出呈圓球狀）或狹削（其狀似有若無，俗稱沒屁股）者，體格必差，意志必弱，容易溷入風塵。

腰臀胸背宜合併觀察

古人將腰、臀、胸、背與身材一向是合併觀察，其次是配合年歲同參。文字精淺，甚易明瞭。腰臀同觀者，如《相術口訣真傳》云：「臀高腰若陷，先貧後亨通；腰圓若無臀，先富後貧寒。」《太清神鑑》云：「臀高而腰陷者主賤；腰高而臀陷者主貧。《水鏡集》則說成是『奔勞』。」胸臀同看者，如《神相水鏡集》亦云：「胸凹臀翹，父子不情。」指的是父少恩而子不孝；《相理衡真》云：「細似蜂腰臀股高，此人不必問雄豪。平生孤獨無依倚，乞得饔飧祇自勞。」另《太乙真人書》：「胸露臀高，乃家業散；壽元少也。」《玉管照神局》、《千金賦》則云：「貧寒下賤，無非胸凸臀高。」這裏所說的胸露乃「雞胸」之相，臀高則是屁股上翹，此種人必破敗祖業，飄泊他鄉，生命短促，貧窮坎坷。至於腰背之關聯，《照膽經》上說得最明白，指出：「無腰者不貴，無背者不富。」並言腰部主中年運氣。

此外，背與身材併看，也甚有趣。如《柳莊相法》云：「瘦人無臀，多學少成，一生無運，四九歸陰。肥人無臀，刷鍋洗盆，無妻無子，孤獨賤貧。」《相法集成》亦云：「人大臀小，老來苦惱。」相訣則云：「女腰大小論身軀，過大過小怕不宜，無臀無子更多淫，過大難看賤且卑。」《秘本相人法》亦謂：「臀亦關係福祿，要在平圓。……長而無臀無結果；短而無臀難發達。」綜觀各家立論首在臀之有無，其次是長短、肥瘦、大小相稱，用語淺近，旨意明確，實不必多費筆墨解說。

最後要談的是臀部與年齡及臀部與牙齒的關係，皆為獨到創見，頗足取法。前者如《柳莊相法》的「少年無臀，凡事不成；田園難守，破祖離宗。老來無臀，困苦辛勤；妻亡子喪，奔走紅塵。」另《秘本相人法》亦云：「老者無臀，有妻無子，少者無臀，百事無成。」兩者的差別，僅在老而無臀之人，一言「妻亡子喪」，一言「有妻無子」而已，但晚年孤單，晚境淒涼，則無二致。後者則是來自《通仙錄》，其云：「齒露臀高又縮肩，凶暴孤單遭禍纏。」意指凡臀翹齒露肩縮的寒酸相，通常會不得善終而遭凶死，女性則是應在正值生產的過程中。

腰無好痣　臀有吉凶

腰部與臀部都會生痣，但好壞差別甚大，大致說來，腰無好痣，臀痣則有吉有凶，或善或惡。就腰部觀之，男性以看職業為主，女性則以看婚姻為主。凡此部分有痣，男性求職甚難，即使得之，亦不滿意。痣在左側，則工作壓力極重，精神苦悶異常；痣在右側，則工作屢遭挫折，每易進退失據，同時痣不分左右，皆主容易腰傷或腰酸；女性的狀況則是凡見到此痣即在戀愛、相親及結婚等方面，都很難如意，經常不了了之，乃屬晚婚之相。此外，子宮易罹疾病，欲生子女甚難。

臀部一旦有痣，便與桃花有關，尤其是桃花運。善痣如長在外側邊緣，象徵婚姻美滿，不僅舉案齊眉，且有畫眉之樂；倘是惡痣，頂多落花有意，尚不至釀成大害。如果痣生於尾椎骨（即屁股上緣）附近，則主性趣盎然，魚水交歡。假設夫妻均有，更是緊密結合，感情愈發融洽。

女性屁股最忌翹

走筆至此，且再補強些內容，當做本文結束。《風鑑歌》云：「行步緩而輕，坐起直目平；前視如負物，後觀若龜形。有背無腰，初歲運平平；有腰而無背，早困中年亨。折腰多憂慮，兩全富貴真；毀辱不能及，利害不相乘。」此處所提及腰背間的關係，頗有可取之處。《公篤相法・腰相捷訣》亦云：「虎背熊腰，五福並饒。燕背蜂腰，六極何逃？」文中的「五福」與「六極」均出自《尚書・洪範》，分別是指「壽、富、康寧、修好德、考終命」及「凶、疾、憂、貧、惡、弱」。另屁股最忌翹，女性尤其如此。如《相法集成》謂：「人立臀翹一生破耗。」如果加上腰折，更是不堪聞問。故相訣云：「女臀蹺起已難看，那堪腰折不自然，行狀如風拂敗柳，夫子刑剋且貧寒。」以上縷列細舉，甚有參考價值，盼君玩味體會，必然受用無窮。

腳踏實地有乾坤

足背豐厚圓潤，不露筋，是能享榮華富貴之人，
腳指頭圓而長，則衣祿充足，前程看好，
腳掌中央既凹且陷，貴不可言，
腳掌多紋、足下有痣，都是絕妙好徵兆。

在我國的相學裏，討論面相及手相的，大有人在。其中不乏經典之作與傲世名篇。然而，有關「足」的探討，真是鳳毛麟角，實在有限得很。筆者另闢新局、別開生面，試著從相書及先賢的筆記中擷取其中精要，逐一論述。雖屬遊戲文章，但也不無道理。希望閣下在看完以後，能領略並參透箇中的奧妙。

所謂足，是指人體下肢，主要由跗（腳背）、蹠（腳掌）及趾（腳指頭

）三部份所構成，俗稱為腳。以下，就從這三個單元來加以探究。

腳背須豐厚圓滿不露筋

大相師韋千里說：「足背宜豐厚有肉。」原來，足背須豐厚圓滿，不露筋，不見骨，才是能享富貴之人。

在古時候，那些生長在富貴之家的公子哥們和千金小姐，大都是過慣讓人服侍的日子，嬌生慣養，「茶來伸手，飯來張口」，一天難得走動幾回。即使閒步，也是男的上茶樓酒肆，尋「芳」覽勝，好不快活；女的則挪移三寸金蓮去逛逛花園，或出閨房「閒嗑牙」去了。當他或她們去鞋脫襪之際，豐厚的腳背在雪白細膩肌膚的襯托下，那可是潔白溫潤一如羊脂玉，好生令人想一「握」為快。像李後主一見到小周后脫去金縷鞋後，就忍不住伸手去握，過好半天還捨不得放下。而文壇怪傑，有「福建才子」之稱的辜鴻銘，每當文思不暢時，馬上喚老婆入書房，伸展其玉足，一握一嗅，立刻文思泉湧，「不擇地皆可出」。這雖是一則笑談，但可想見辜夫人玉足的腳背是多麼地豐厚圓潤，迷煞人也。

此外，男人足背多毛，是「荷爾蒙」分泌旺盛的表徵。具此相者，通常髮茂眉濃，烏黑光亮，這是個吉相，代表著他智力與體力兩強，應是個足堪造就的人物。

腳指首在纖長、端齊

就五行來說，腳指頭從腳拇指到小指，依序是「土、木、火、金、水」。那麼腳指頭如何來觀察呢？《神相水鏡集》上說：「足指纖長者，忠良貴顯；足指端齊者，豪邁之賢。」可見腳指頭生得好的條件，首在纖長、端齊，千萬不能短（即五指平均長不及腳掌的六分之一），必主貧賤（《柳莊相法》如是說）。為何會如此呢？因其智識平常，很難有大作為，庸碌一生而已。另須注意的是，腳指頭圓而長，代表其人能衣祿充足，前程看好；如果很尖很薄，則暗示此君一生飄蕩，無法蓄財。當閣下在修剪腳指甲時，仔細端詳一下，想必會發現「新大陸」，並對自己有更深一層的體認。

腳掌宜凹宜陷

幾乎所有的相書、筆記，都把重點擺在這裏，可供著墨的地方著實不少，且為諸君們一一道來。

腳掌宜空虛細膩（韋千里語）。所謂空虛，是指兩端高而中間低。不論手或腳，掌中央的部份，皆稱「明堂」。明堂宜凹宜陷，代表著群山環繞，福澤綿延。如果平如機場跑道，那就是俗稱的「平腳板」，不用當兵，因其不耐爬山涉水，無法急行競走。而其既凹且陷，可以容龜（即放下一隻小烏龜），話雖誇張些，但可見其深。照《神相全編》的說法，竟然是「腳下可容龜者富貴，一主三公封侯」，簡直貴不可言。但也有持反對看法的，像《柳莊相法》便認為「足心陷，主貧賤」。不過，筆者認為前者是而後者非。不信的話，閣下可自個兒比較揣摩，以驗吾言之不謬。

腳掌紋多多益善

腳掌上的紋和痣，名堂還真不少，看倌仔細聽了。

一般來說，腳掌的紋如韓信點兵——「多多益善」。豎理愈多的，主貴；橫紋愈多的，主富。嘿！這可要仔細數數啦！睜開亮眼，根根不容放過。腳上的紋，它的好處在那兒呢？《神相水鏡集》上說：「足下有紋，大旺子孫。」反之，「無紋理（俗稱棺材板，為下下之相）者，下賤」。而且，紋是愈長愈好，因為「腳下理長，位至公王」（見《神相全編》）。另腳掌上的紋，除縱、橫兩稱外，尚有龜理紋、禽紋、錦繡紋、花樹紋、剪刀紋、人形紋、三策紋及螺旋紋等名目，五花八門，令人眼花撩亂。這些都是異相，等閒不容易見到，但也許閣下剛巧就有（生在足掌任何部位均算），且讓我分說個明白。

所謂「龜理紋」，是指紋如龜背上的紋兒，有此者，「主一世清名」（

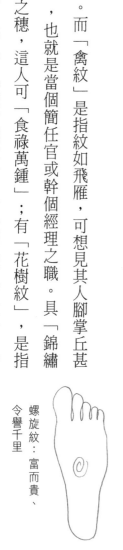

【各種腳掌紋的意涵】

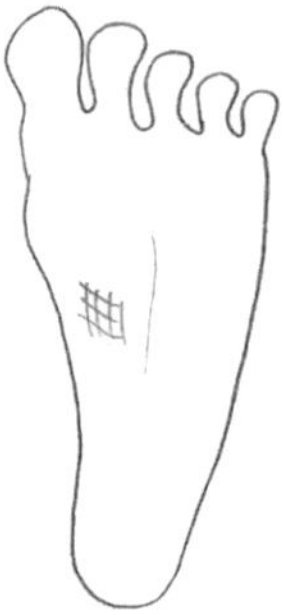

龜理紋：一世清名

花樹紋：積財無數

禽紋：當個箇任官或經理之職

剪刀紋：藏錣巨萬

錦繡紋：食祿萬鍾

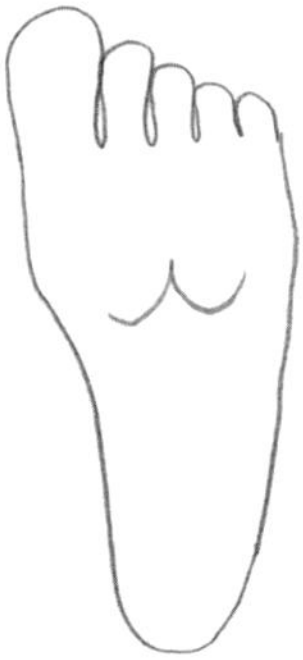

人形紋：貴壓千官

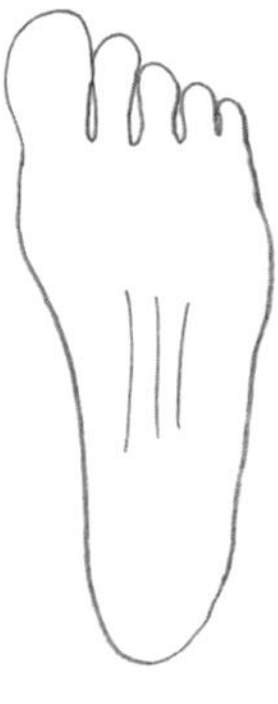

三策紋：福而祿、王公將相

螺旋紋：富而貴、令譽千里

見《神相水鏡集》）。而「禽紋」是指紋如飛雁，可想見其人腳掌丘甚厚，主「八位之職」，也就是當個箇任官或幹個經理之職。具「錦繡紋」，是指紋如禾麥之穗，這人可「食祿萬鍾」；有「花樹紋」，是指紋如樹木，枝葉扶疏，此人可「積財無數」。看得到「剪刀紋」，指紋如剪刀狀，有這相的，可「藏鏹巨萬」。瞧見「人形紋」者，指紋如「人」字形，此人可「貴壓千官」（哇！氣魄好大）。具有「三策紋」，即三條縱而深長的紋，有此相者，主「福而祿」，又主「王公將相」。最後，有「螺紋」者，此人必「富而貴」，甚至可「令譽千里」（以上可參考《麻衣相法》及《神相全編》）。

足下痣 盡是絕妙好痣

此外，腳上有痣，更是不能等閒視之，這可是有典故的。這種絕妙好痣，勸閣下務必妥為保存，萬萬不可欲去之而後快。據《新唐書》上記載，當安祿山為小卒時，替節度使（相當於現在的省長，權力則大得多）張守珪洗腳。發現足底有痣，祿山忍不住多瞧幾眼。守珪說：「我今日的功名富貴，全靠這顆痣兒。」祿山不以為然，說：「我腳掌上有三顆痣，何以現在仍是個侍從兵呢？」守珪忙叫祿山脫靴而視，果然如此，便一再提拔他。安祿山從此青雲直上，積功而至平盧、范陽、河東三鎮的節度使，後來領兵造反，還僭號稱帝哩！

另清人陳詵左足有赤痣，每自詡為貴徵（曾任貴州巡撫，即今之省長）。有一天，其夫人陪嫁的小婢為他老人家洗腳時，捧在手上細看。陳詵笑著說：「我所以官居極品，就是靠著這顆痣啊！」小婢說：「老爺子愛說笑，您只有一痣，已貴為公卿，那我兩足心皆有赤痣，怎麼至今還是個婢女呢？」陳詵就叫她赤腳來瞧瞧，確有兩顆不假，便納她為妾，後再升為夫人。她共生二子，長子名世倌（即海寧陳相國，據野史說是乾隆皇帝的老爸），官拜宰相；次子名世侃，也考上進士，點中翰林。難怪《神相水鏡集》上說：「足下三痣，九州之權。」可見足掌下有痣，男人主自身得福，女人則主能生貴子。

看了本文後，閣下便可知「一花一世界，一草一乾坤」。區區「足下」，居然大有「乾坤」在，奧妙無窮。故諸君在沐浴、洗腳的當兒，細加把玩，仔細瞧瞧，可能會受用不盡，收效無窮哩！

聲音之中探奧祕

聞聲亦能知人，
聲音與身體的健康、元氣息息相關。
聲之清濁，透露人品之俗媚或華貴；
聲之乾濕，直指內在的精力元氣；
身大音小禍所隱，人小音大福所伏。

《韓非子》上記載：鄭國宰相子產晨出，過東匠之閭，聞有婦人，及撫軾（車前橫木）聽之。過了一會兒就提拿其問罪，經反覆偵訊後，乃供出其「殺夫」情節。第二天，子產的車伕問道：「夫子是如何知道的？」子產說：「其哭聲充滿著恐懼。凡人對至親的哭，始病而憂，臨死而懼，故知其中必有奸情。」看過這則故事，我對於子產「聞聲知人」的本事，佩服得五體投地，也引發了研究「音相」的興趣。

音質、音色與音速

在我國相學的經典中，探討用聲音來相人這門學問最透徹的，首推《冰鑑》一書。其開宗明義便說：「人之聲音，始於丹田，發於喉，轉於舌，辨於齒，出於唇。」意即聲音由丹田開始後，透過喉、舌、齒，唇到聲音形成的全部過程中，實與身體的元氣及健康息息相關。凡聲音優良者，身體鮮有不佳；反之，亦然。根據此一原則，我們可以從一個人的聲音中，分辨其「音質」的乾濕清濁，「音色」的雌雄輕重、「音速」的虛實緩急，並配合發音者的身材一併觀察，即可相出此君許多關於生理上及心理上的狀況。以下，我們就從音質、音色、音速及配合身材等幾方面，逐一加以討論。

音質清濁和乾濕

音質，主要是指聲音的清濁和乾濕。清濁之分，即《冰鑑》上所說的：「人之聲音，猶天地之氣，輕清上浮，重濁下墜。」然而，清、濁易辨，惟「清中濁」與「濁中清」難辨。前者如伶人、歌星，其聲音未嘗不清潤，但細察之後，總有些俗、媚之氣，絕非雅馴華貴者可比。後者如武將、鉅子，在其粗豪的聲音中，吐詞明快，語調渾厚，其韻味盎然；雖不免雜些重濁鄉音，仍不掩其清。故《相聲訣法》云：「**凡清中之濁，不取其清；濁中之清，不論其濁。**」便是這個道理，讀者可細加揣摩。

乾濕是另一種音質的顯現，凡聲音過乾（聲嘶音啞）者，其人必腎水虧竭，體力不斷，運途每多驚險坎坷；而聲音過濕（口沫橫飛）者，其人精力過剩，多欠缺自制力，做事常敗事有餘。另有所謂「乾濕不齊」者，相書名之為「網羅」。是指其人開口說話時，起先口水亂噴，表現得「淋漓」盡致，但繼之則乾嘶沙啞，顯得氣虛力竭。此輩中人，雖或一時倖進，小時了了，但終究無法持久，率以失敗收場。凡此三者，皆非好相，誠非佳品。

男不宜雌聲，女不宜雄聲

音色在相學上，分為雄聲、雌聲及雌雄相續三種。其中的區別，在說話者的聲音，近於粗壯剛強的，叫做「雄聲」；近於宛轉陰柔的，稱為「雌聲」；至於聲音忽大忽小，交錯亂出的，就名之為「雌雄相續」。一般說來，男人不宜有「雌聲」，女子不宜有「雄聲」，但也不可一概而論，畢竟雌雄之聲，本身就有優劣之分。能得其善的人，仍以貴相論之。

比方說，鐘響鑼鳴，同屬「雄聲」，然而，鐘聲音厚聲響，雄渾宏亮；鑼聲則音裂聲尖，響銳乏韻。誰好誰壞，一聽便知。又如雉鳴蛙叫，皆是「雌聲」，但雉鳴清越悠長，音色悅耳；蛙叫則外強實竭，徒亂人耳。孰貴孰賤，至為明顯。總括來說，男人雖得「雄聲」，但如「鑼鳴」，實非佳兆；或得「雌聲」，好似「雉鳴」，必能大展鴻圖，闖出個字號來，像中影公司前總經理明驥的聲音，便是如此，令人印象深刻。而女人縱有「雌聲」，這是內能相夫教子，外能事業成功的偉女子特色之一。當然，男聲雄而佳，女聲雌而好，本就是得其「所」哉！實不必多費筆墨形容了。

「雌雄相續」的人，是指雌雄兩聲相混，忽雄忽雌，或大或小。此輩多半器局狹隘，色厲內荏，甚至精神不濟，難有作為。是以其一生將屈伸浮沈不定，或抑鬱或奔波，可謂飽經人情冷暖，歷盡人世滄桑。具此相的人，在現今社會裏隨處可見，為數還不算少呢！

先急後緩與先緩後速

純以講話速度來觀察一個人一生的成就，是太牽強了些；如果光看個性，倒也有跡可尋。但這兒所要討論的是有「先急後緩」或「先緩後速」的情形。

當人說話時，一打開話匣子，便喋喋（多言不止）利口，飛揚而奮迅，到後來卻變得吞吐不暢，澀口且呆滯，顯示其精力難以為繼。又或在開口之初，尚能沈得住氣，應付裕如，到後來便無法控制，聲氣爭出，喈喈（眾鳥和鳴）混談，竟不知所云。以上這兩種人，其表現在事業上，每是起先尚有小成，然後鮮克有終，非但不能獨當一面，而且無法創基立業。《人倫大統賦》上說：「或先急而後緩，或先緩而後速，是謂粗俗之卑冗，焉遂風雲之志欲？」不已講清楚說明白了嗎？

身大音小禍所隱，人小音大福所伏

人之聲音，正與鐘鼓等發聲器物相同，雖然「器大則聲宏，器小則聲短」，但若鐘已破、鼓已敗，儘管其形體龐大，絕對無法高震遠響。如其形完質佳，即使小些，仍能音韻綿遠。因此，身材高大而聲音細微者，正似「黃鐘毀棄」，無法「音聲比雷霆之遠震」，只能執役居下，難荷重擔；而身形短小卻聲音雄渾者，好比「古鐘故磬」，必可「琅然其若擊磬，曠然其若呼谷」。據歷史上記載，曹操、拿破崙、希特勒等，都是如此這般，其能建殊勳、立宏功，絕不是偶然的。畢竟，有一分精神，便有一分事業。一個人的成功失敗，福伏禍隱，全仗體力和毅力來支撐。《人倫大統賦》亦云：「身大音小禍所隱，人小音大福所伏。」其中確念至理。

至於人大而聲響，人小而音微，本係事理之常，在此也不需多所著墨了。《靈山秘葉》另云：「察其聲氣，而測其度；視其聲華，而別其質；聽其聲勢，而觀其力；考其聲情，而推其徵。」實已對談話時，其聲音的觀察法，提出了具體的法則。閣下只要肯下功夫，多方研究，「玩」之既久，將具備像子產一樣的功力，達到「聞聲知人」的最高境界。

第三篇

肢體語言露玄機

瞳孔和視界的玄機

想正確透視對方目前的心境，了解他此刻的想法，從眼睛著手，是不二法門。

而其方法就是觀察瞳孔和視界。

交談時，應該注視對方什麼部位，是一大學問，而從對方視界落於何處，也能推敲他的心思。

注意對方的情態、言語，再配合面相的觀察，甚有利於糾紛的圓滿解決。問題一旦發生，馬上就得面臨協商解決之道。儘管已從面相中洞悉對方之個性，但仍有未盡之處。畢竟，在協商之際，對方是否讓步與堅持己見，所流露出的真性情不外乎是情態、言語和肢體語言三者。如閣下能於此再三致意並與面相充分結合，相信極有利於糾紛之圓滿解決。

以下且就情態、言語和肢體語言這三者與諸君一起探究。

在談論情態之前，且先舉個《世說新語》上的例子，以資說明。話說西漢武帝時，其奶媽在外頭有不法的行為，武帝不講情面，準備依律治罪。奶媽急向東方朔求救。東方朔說：「這不是光靠嘴巴便能說服的。你如想脫罪，只有在即將訣別時，一再用『關懷的眼神』回望皇上，但要記住，千萬別說話，或許還有點希望。」奶媽依言行事，在臨去時，頻頻回顧。服侍帝側的東方朔於是敲邊鼓說：「你真獃啊！皇上哪還記得哺育之恩呢？」武帝見狀，雖然性剛心狠，終究是帶點感情的，乃原諒奶媽的過失，並下令赦免她。由此可見，情態的流露，也一樣可以扣人心弦，「無聲勝有聲」。

情態是由眼睛流露而出。故西諺云：「**眼睛是靈魂之窗**。」這話可是一點兒也沒錯。因此，想要正確透視對方目前的心境，了解他此刻的想法，從眼睛著手，自然是不二法門。而其方法則是觀察瞳孔和視界。現就這兩者加以說明，希望閣下能徹底明白眼睛所透露出來的種種訊息。

觀察瞳孔的擴張與收縮

孟子說：「存乎人者，莫良於眸子，眸子不能掩其惡。胸中正，則眸子瞭焉；胸中不正，則眸子眊焉。聽其言也，觀其眸子，人焉廋哉！」足見在兩千多年前孟老夫子便知道人的瞳孔是不能自主控制的，常隨光線和情緒而發生變化。大致說來，一個人在極端興奮的情況下，瞳孔會擴張到比平常大四倍左右；反之，在生氣消極的情緒下，瞳孔則會自動收縮，且可依其擴張或收縮的程度而判斷其內心感受的強弱。因此，要透視對方的內心深處，仔細注視瞳孔應是最理想的方法。唯一的缺點是對方一旦戴上墨鏡，那就無計可施了。

看視界落在何處

注視別人時間的長短（由瞳孔觀察）固然要緊，但注視別人的部位（即視界）也挺為重要。除正常情形外，亦因國情的差異而有些微的影響，如日本人習慣在交談時注視對方的頸部而非臉部。所以，能解讀對方視界所發出的訊息，對協商的結果仍有其影響，實不容輕忽。另，視界可分為社交應酬、談正經事、驚鴻一瞥、閉目而視和誘導眼神這五類，請君仔細觀察。

1.**社交應酬**：將目光注視對方眼下到下巴的區域，通常只有社交場合為之，此含有些許應付的味道在內。面臨對方如此漫不經心時，我們的化解之道為直視對方的眉宇之間（即由天庭到兩眉間的印堂，及兩眼間的山根處），即可促使他正視問題的所在，不再敷衍了事。

2.**談正經事**：在交涉之際，我們緊盯著對方的眉宇之間，便會營造出嚴肅的氣氛，而令對方感覺出我們可是講正經的、絕不是鬧著玩的。此直視對方眉宇之間的眼神，每能令我們化被動為主動，重啟生機。

3.**驚鴻一瞥**：人們在不經意之中，其眼角輕瞥，誠不能等閒「視」之。它本身的意義不大，但配合起來，卻是滿具體的顯現。如對方皺眉或嘴角向下，此一瞥便代表著疑慮、敵意和厭煩的態度。若揚眉、露齒笑或嘴角向上，即表明有著濃厚興趣或強烈意願。這兩者之間，有天壤之別，請仔細區分，萬萬別誤解，否則，後果必難以設想。

4. **閉目而視**：在談話當兒，正常人每分鐘約眨眼六到八次，如果對方閉眼的時間在一秒以上或更長時，表示他想暫時把閣下掃出其視線之外。這種態勢出現的時候，就代表他感到厭煩，或自認比閣下優越，故出現此目中無「人」狀。如他再輕哼一下，那更表示不屑至極，竟將閣下「等閒」視之了。因此，在對付上，唯有據理力爭而已，如我們因而讓步，鐵定被他吃定，甚至占了便宜還賣乖哩！

5. **誘導眼神**：經研究證明，傳送到人腦的資訊中，有百分之八十七來自眼睛，百分之九得自耳朵，其餘只占百分之四。因而我們在使用手勢來做說明時，如何循循善誘，借勢導引對方的眼神，就成為對方聽進多少的關鍵所在。因此，只要我們誘導眼神得當，對方即能全神貫注，而且這麼一來，我們的說明必可「事半功倍」，立竿見影，達到預定效果。

言外之意在哪裏

昧著良心說話的人，語詞低聲下氣、慚形於色。
內心有疑慮的人，語詞支離破碎，不能斬釘截鐵。
一個有修養的人，言詞一定簡潔，不多著墨；
個性躁急的人，一定滔滔不絕、沒完沒了……
表情必然因受到的刺激程度，產生不同的變化，
態度是否鎮定、語詞是否驟轉、音調是否改變、眼球是否正常等，
都是觀察重點。

要從與人言談之中，瞧出其情緒反應，其實並非難事。因為喜、怒、哀、樂等情緒表現，都是動於衷而根於情所產生的。中國相法認為「口為心之外戶」，西諺亦云：「言語是心靈的畫像。」在在證明與談者的表情會洩露不少心中的秘密，我們只要能掌握住若干觀察法則，當可輕易地端詳出來，進而掌握先機。

表情顯示心聲，語言用以達意。性情真摯、胸懷坦蕩之人，其心思與講話時的表情，並無二致。但口是心非的人，其表情或矯柔做作，或隱瞞掩飾，不管其居心如何，總是怕人識破。因此，大家只要善於觀察，仍不難看出其中矛盾所在。此方法即是針對對方弱點，予以適度的刺激。假使他並無「喜怒不形於色」的過人功夫，其表情必然會因所受到的刺激程度，而產生一些不同的變化。此外，再觀察其態度是否鎮定、語詞是否驟轉、音調是否改變、眼球是否正常等，便可知其大致情形了。

以下所介紹的是對方因明顯的情緒反應，所表現出來的言語及表情型態。

一、面色突然轉白，心悸亢奮，四肢微顫，音調低微，吐詞斷續，此為說話者恐懼表情的流露。

二、眼中充滿淚水，嘴唇緊閉，口角下垂，音調高低不一，吐詞有哽咽之聲，此為說話者悲傷表情的流露。

三、牙齦緊咬，血脈賁張，拳頭緊握，音調轉高，吐詞急迫，此為說話者憤怒表情的流露。

四、面紅耳赤，眼光呆滯向下，音調不協，吐詞支離虛應，此為說話者受窘表情的流露。

五、眼角魚尾紋突顯，頰肌（顴上之肉）上擁，音調平促，吐詞輕快，此為說話者竊喜表情的流露。

六、手指玩弄他物，心神游移不定，呼吸加長，瞳孔放大，語調低平，欲語還休，此為說話者渴望表情的流露。

七、精神不振，目光懶散，音調微抖，甚至頻頻自語，此為說話者失望表情的流露。

八、處處迴避他人，眼睛不敢正視，而在對答之際，經常放棄己見，俯從遷就，此為說話者自卑表情的流露。

九、抬頭挺胸，目光四射，音調高亢，吐詞主觀堅定，此為說話者自傲或有所恃表情的流露。

十、眉頭緊蹙，眼神散漫，發聲低微，語中時聞嘆氣之聲，此為說話者憂鬱表情的流露。

若閣下完全了解說話者的情緒反應，進一步就要明白對方在說話時的「用心」，才能窺其全貌。《易．繫辭傳》云：「將叛者其詞慚，中心疑者其詞枝。吉人之辭寡，躁人之辭多。誣善之人其詞游，失其守者其詞屈。」便是很深刻的描述。這話可直截地說成——凡是昧著良心說話的人，他的語詞一定低聲下氣、慚形於色。而內心有疑慮的人，語詞一定支離破碎，不能斬釘截鐵。而一個有修養的人，言詞一定簡潔，不多著墨；至於個性躁急的人，語詞一定滔滔不絕、沒完沒了。另外，想把事情賴在別人身上的人，言詞一定閃爍其辭、游移不定。而自覺理虧的人，言詞一定理不直且氣不壯，不敢大聲計較。

因此，面對問題時，如能將對方的神態和其講話的內容一併配合觀察，必能摸透其心思，另籌解決對策。此一良機稍縱即逝，務請識破玄機、當機立斷。

又肢體語言亦是一個人內心的重要表徵。據統計資料顯示，女人的直覺力先天上較男人為強，尤其在枝微末節上。名學者柏維泰研究後指出：一般人每天說話的時間，加起來恐怕不到半個鐘頭，而平均每句話實際上只花了二．五秒左右，並且藉由語言傳達的訊息，通常還不到四成；肢體動作反倒占了六成以上。基於此，肢體語言（bodytalk）就值得用心觀察，仔細揣摩，也唯有如此，才能舉一反三，收效無窮。

手勢與坐相

手勢與坐姿，透露最多肢體語言，
臨陣交鋒時，對方的心思、意願，很微妙地在雙手發出了訊息。
而坐相也分為好幾種，分別暗示著對方的興致與認同程度，
下對判斷再行出招，最能掌握關鍵時刻。

在所有肢體語言中，臨陣交鋒時的觀察重點，首在於手勢與坐相，以下就這兩方面加以討論，如果運用得妙，將可收「臨門一腳」之功。

手勢顯真意

肢體語言常用手勢來表現，其次是手與其他部位的配合。我們且據此分成單一手勢及並用手勢這兩部分來討論，讓閣下在運用時更能得心應手，順利成功。

一、**單一手勢**：單一手勢是一手或兩手的動作所發射出的訊息。在此就從手心姿勢、摩擦雙手、兩手緊扣及塔狀手勢等四個單元來逐項討論。

1. **手心姿勢**：當我們說「請」的時候，手心自然會朝上；如果手心朝下，就有支配的意味；而以食指指人時，即有指責或強迫的意思表示，這種指使的態度，最易激怒對方。所以，奉勸諸君在面對爭執或交涉時，儘量避免這種手勢，以免引起對方強烈的反彈。

2. **雙手摩擦**：除了天冷外，這姿勢有兩個意思表示，一是行將付鈔時，侍者以此姿勢對閣下說：「先生，您還需要什麼嗎？」往往是在期待我們給些小費。另一個意思是代表著興奮且即將如願。對方一旦有此動作，而所開出的條件尚稱合理，我們不在此刻迅速敲定，更待何時！

3. **兩手緊扣**：十指基部相交，手心相向而緊握，事實上是一種內心挫折或防禦的反射動作。這種姿勢大致會握在三個地方，一是置於口前三至

兩手緊拑（雙手放置的三個地方）：出現這個動作，乃表示陷入焦慮中，且此放置的高度，手指握的緊度，均與情緒的強度成正比。

1.坐時置於口前3至10公分處。

2.坐時放在腹部或大腿上（有桌子則擱在桌上）。

3.站立時擺在褲襠部。

十公分處，二是坐時放在腹部或大腿上（有桌子則擱在桌上），三是站立時擺在褲襠部。大抵放置的高度和情緒的強度成正比，即擺得愈高，碰到的麻煩愈大。當然，抓得愈緊也是如此。對方有些動作，顯然陷於焦慮，一時無法拿捏，我們欲達成和解，應注意化解其心結。

4.**塔狀姿勢**：其姿勢為十指指尖相觸，手心相對而中空，通常是分成上尖及下尖兩種。用上尖者，多半在下達指令或發表觀點；而用下尖者，則以聆聽他人意見居多。塔狀姿勢最常出現在結束說話的關頭，我們是否真正明瞭其內涵，對問題能否迎刃而解，將有著極大的影響。如未能觀察入微，恐怕還會抹一鼻子灰，搞得灰頭土臉哩！另，在說話的過程中，如果對方先攤開雙手，繼而身體前傾，頭抬高，最後使了個塔狀姿勢，即意味著接受條件了。如果對方一直出現兩手交叉胸前，兩腿交叉，目光游移，兩手緊拑、摸頭、搔頭等動作，然後才用塔狀姿勢。就已明白的告訴閣下，他已不耐煩或沒啥興趣，根本不想討論。而閣下此時再不識趣，依然一本初衷，竟想如願以償，那就無異癡人說夢了。

上尖：結束關頭，下達指令居多。

下尖：結束當兒，聆聽對方意見。

二、**手勢配合其他動作：**手勢和其他部位一併使用，那才真是五花八門，令人眼花撩亂。不過，「萬變不離其宗」，只要我們細心觀察，便能抽絲剝繭，瞧清原委。以下就常見的護口、觸鼻、揉眼、搔頸、抓耳、托頤、撫頰、抱胸等八個動作，一一探討。

1. **護口：**很多人會用此一姿勢和假咳嗽交相運用。若對方在辯解或提出要求時，出現這種動作，即代表他講的話不盡實在，也就是「話中有話」，甚至是撒謊。當我們侃侃而談時，對方卻以此回應，那我們得注意了。表示他對我們所說的話不以為然或根本不相信。顯然我們應斟酌內容，改弦更張，才能紓緩他的態度，講出些「像樣」的話。

2. **觸鼻：**與護口表達的意念相同，只是摸鼻的動作比起前者更為含蓄，更加世故而已。對方可能是來回不停的輕撫，也可能是不經心的輕觸。通常女性為保護顏面上的妝，動作會顯得很輕柔，比較不易察覺。

3. **揉眼**：除眼部不適或想睡外，揉眼的動作表彰著心中有愧。原因是在欺瞞對方後，力圖避免與其目光接觸。一般來說，男生的力道較大，女性在下意識為避免不雅觀或護妝之故，動作就細膩得多。只是在撒謊時，男生總將視線瞄向他處，尤其是地板，而女性為了閃躲對方的目光，眼睛常朝上看。這點倒值得我們仔細推敲，以免陰錯陽差，反而瞧不清楚真相。

4. **搔頸**：這動作一般是五下，部位全在耳朵下方或脖子的一側上。搔耳下的人，慣用食指為之；如搔脖子上，則五指的指數不一，此動作表達的正是不能肯定的心聲。對方未被蚊子叮咬，竟有這樣的反應，表示其內心徬徨得很，看來我們似乎得加把勁，努力去溝通了。

5. **抓耳**：此動作的變化姿勢不少，如摩擦耳背、用手指掏耳朵、拉耳垂或以耳扇遮住耳洞等。這些動作全象徵著不想再聽下去或是「我有話要說」。對方出現這類動作時，為利於溝通歧見，我們最好引導他多開口，自己少說兩句，這齣戲才有得唱。

6.**托頤**：如果對方做出托著腮幫子的姿勢，就表示他已感到不耐煩了。再加上以手指敲打桌子或用腳在地面拍打，則更可確定是這個意思。我們看到這種情況，不妨改變方針，換個話題再試。

7.**撫頦**：撫摸著下巴，通常是下決斷前或正在評估的動作。它和摘下眼鏡、口刁煙斗、輕咬指尖或筆的動作雷同，均有陷於長考或暫時按兵不動的意味在內。如果對方起先用兩（拇、食）指摸下巴，後來改用拳頭支撐，這即表示他對閣下所說的內容已提不起興致，最好暫時打住，藉以重思對策，改提其他建議或方案。

8.**抱胸**：雙手交叉橫亙在胸前，是一種極為常見的姿勢，因為這正是對方為顯示優越而出現的排斥性壓抑動作。另在討論之際，他雙手抱胸

雙手抱胸而拇指在上：優越心理的壓抑動作，如和言悅色，表示即將談妥。

而拇指在上，態度和悅，表示談妥在即；如果係雙手抱胸而不見手指，表情木然，意即回絕。在這當兒，我們最好是能化解其心結，果真不能的話，即相約在下次，先「走」為上策。反正這回應是談不出啥名堂了，留個相見餘地，何必無端窮耗？

雙手抱胸而不見拇指：顯示優越但壓抑的動作，如表情木訥，多半回絕。

坐姿露真相

出了問題，能一次談妥固然最好，若果不能，勢必要另約時間或地點後再議了。由於站著商談的機會總比坐而「論道」的機會少得多，所以，咱們就得根據坐相去細加觀察啦！其實，坐姿是有好幾種，但實際可用來觀察對方情況的，大概有下列數種情況：

一、**交疊雙腿**：此是女性慣用的姿勢，動作是一條腿整齊地疊在另一條

交疊雙腿：雙手抱胸後，出現此坐姿，表示不輕言讓步。

腿上，且常右尊左卑（即右腿放在左腿上）。單獨出現此姿勢，不見得一定是表示緊張、保守或防禦性的態度，因為天冷或久坐而調坐姿，皆有可能如此。若對方起初雙手抱胸，接著交疊雙腿，便能斷定正生悶氣或根本不想談了。

二、**手置膝上**：當對手將手放或抱住膝蓋關節時，表示他正堅持己見，不會輕易讓步。又，手擺膝蓋上，而身向前傾，即意味著即將結束談話，有走人的打算。面臨此一狀況，顯然我們還得費神周旋一番。

手扣膝上：堅持己見，不輕易妥協。

手擺膝蓋上，準備結束談話。

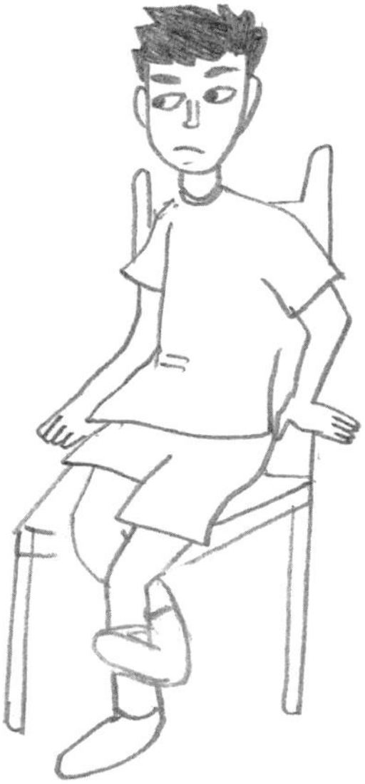

鉤腿：心境茫然無頭緒，宜低調處理寬其心。

三、鉤腿、抖腿：鉤腿為害羞之女性習用的姿勢，即一條腿的腳骨，置於另一條腿的小腿後，出現的時機，大多為心境茫然或畏縮退卻之際。遇到這種情形，建議閣下最好採低調處理，以安撫其心境。另俗話說：「男抖窮、女抖賤。」抖腿除天冷外，大致上是無聊、無所事事及不耐煩的具體表現。見對方如此，建議閣下還是先搞清楚狀況後，再行出招，比較穩當。

四、倒坐椅上：倒坐之人，椅背有如盾牌，成為一道心理屏障，而他

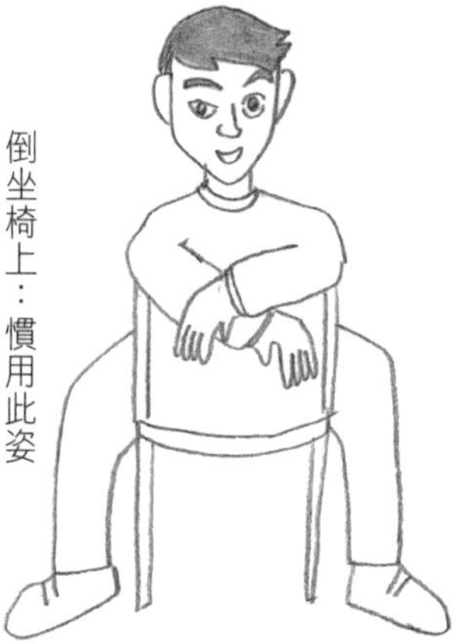

倒坐椅上：慣用此姿勢，常有支配慾，採高壓態度。

雙手必然是交叉在椅背上。慣坐這種姿勢的人，內心常有支配慾，凡事採取高壓態勢，一副盛氣凌人之狀。因此，要化解他的心理武裝，最直接的方式是繞到他的背後，當他的屏障一失，就只有乖乖地坐回正常姿勢了。

五、**蹺二郎腿**：把兩腿擱在桌上，這也是常見的動作。通常擺此姿勢的人，不是用雙手托著後腦勺，就是環抱胸前。前者代表局勢尚在掌握中，故悠然自得、心情輕鬆；後者則表示甚為不滿，臉色大概好不到那裡去。見此動作，我們宜趁早見好就收。不然，就須設法撫平其情緒。

六、**膝擱扶手**：將腿曲置於椅子的扶手上，這姿勢難看而輕浮，擺出這種態勢，便有心存敷衍、漠不關心的味道。對方以此動作相見，最好直視其眉宇之間，迫其認真協商，不要意圖打混。

七、前傾坐姿：當一個人的坐姿向前時，即暗示對方對我們所談的內容甚感興趣。而雙手放膝關節上，或一隻手是手心放在大腿上，而另一隻手是手肘擱在膝關節處，尤其如此。我們如在此刻提出要求，答應的成分極高，可千萬要把握住機會喲！

在談完肢體語言後，如有心進一步培養自己卓越的觀察力，最有效的辦法，莫過於常看電影或電視影集。從劇情和演員的搭配演出下，不僅能對訊息的體會益增，且更能琢磨並品評演技。若將此功力適時適度的發揮，收效自然可期。孔老夫子曾說：「**視其所以，觀其所由，察其所安，人焉廋哉！人焉廋哉！**」這不正是證明此中已蘊藏著大學問，只要觀察得宜，加上巧為運用，那麼「關鍵一擊」，就在掌握中了。

第四篇

知人善用看這裏

用人先看額、眉、眼

企業進用新鮮人，以聳額豐廣為上，不宜偏狹缺陷；
眉毛彎長有勢、昂揚有神、疏爽有氣、秀潤有光者，值得提拔；
眼光漂浮短淺，不但無中心思想，且無信行可言；
眼光有神不藏，固然聰明伶俐，但多半華而不實；
目光尖銳而閃爍、有時故意仰視作矇矓狀，乃奸佞小人，最好敬鬼神而遠之。

身為人事主管，為公司選拔真才，是義不容辭的重要任務。經過學經歷的審核認定後，最重要的一道關卡，就是面試。如何由此看出此君學養甚佳，可以勝任新職？品德操守，無庸置疑？是否具備執行能力？面試時，所說是否為真話？都是面試成敗的關鍵。

根據長久觀察，從額、眉、眼等幾個方向著手，雖不中，亦不遠矣！

額聳而豐廣為上選

研究額相須先瞭解幾個原則：額部代表三十歲以前的運程；額部位居火星，對南方人特別重要；辨別智愚、器宇、遺傳基因等，都以額部為主。

準此以觀，企業進用新鮮人，觀察額相，確為不二法門。以聳額豐廣為上，不宜偏狹缺陷。聳額豐廣者多學識豐富，人際關係較佳，而且樂觀向上，值得重點培養。偏狹缺陷者則因先天不足或後天失調所致，智力或體力較遜，且欠缺意志力，同時自卑感作祟，即使出人頭地，終究好景不常。

好眉毛的四個條件

相學名著《冰鑑》云：「眉主早成。」從這裡也可觀察許多人生的事象，包括個性、智慧、得意的遲早和運程的否泰等等。一對好的眉毛，

聳額豐廣：學識豐，長於企劃，值得栽培。

偏狹缺陷：思慮欠周，自卑感重，缺意志力。

應具備四個基本條件：彎長有勢；昂揚有神；疏爽有氣；秀潤有光。符合此相者，志趣高遠，聰明強幹，少年聞達，明理有慧，一生恆在順境之中，提拔此等有福之人，公司豈會出亂子？因此，員工眉毛的好壞，可能關係到公司的氣數。

眼神流露心機

眼睛絕對是相人術的精粹所在，在此所要強調的，不是眼睛的狀貌，而是相眼神的法則。畢竟，眼睛的形勢秀長、輪廓明潤、黑白分明等，乃個人的基本盤。真正在面試當兒，能發揮關鍵作用的，還是眼神。除了澄澈不露、視瞻平正等較易觀察外，另有所謂的「相眼十訣」，即「視遠者智，視上者毒，視平者德，視專者狠，視反者賊，視流者奸，視注者愚，視斜者陰，視睞者妒，視歉者愧」。

通常，一個人心有歪念或言不由衷時，眼神總是不安定的，即使善於掩飾，內心澎湃激動的情緒，仍不免從轉盼流視的眼光中流露出來。主試者只要詳加觀察，便如同測謊般，不難識其底蘊，並做出正確的抉擇。

眼光不正、兩眼瞬動頻繁、開眨不已的人，多懷嫉妒之心。兩眼常向上仰視、旁若無人者，多半驕傲，不能容物。眼無光釆、兩眼直視而呆滯者，是痴愚之人。眼光幽靜、定視人或物未嘗稍瞬者，個性倔強，思考力甚佳。若兩眼突出、老盯著人看，此人必過於理智，無妥協餘地。

眼光漂浮短淺，不但無中心思想，且無信行可言。眼光有神不藏，固然聰明伶俐，但多半華而不實。眼光閃爍不定，東張西望，性喜窺視，卻不敢正眼對人，一定是個偷盜之徒。目光尖銳而閃爍、有時故意仰視作矇矓狀，實乃奸佞小人，最好敬鬼神而遠之。至於眼神如歉，乃心中有愧之徵。充其量，只是別有隱情，並非無藥可救。

相信只要將以上所列拿捏得宜，在面試取才之際，必可收「運用之妙，存乎一心」之效。

八種眉型看志氣

眉頭、眉尾象徵一個人的志氣，觀眉型便可知性情與本質特點。

一字眉，性情耿直；偃月眉，敢做敢當；

八字眉，長袖善舞；柳葉眉，優柔寡斷；

三角眉，鬥志不鬥力；新月眉；誠懇開朗；

羅漢眉，宜走慈善事業；乀字眉，自尊心強，絕不輕易罷休。

就眉毛而言，左右眉頭，名為「凌雲」、「紫氣」；左右眉尾，號稱「繁霞」、「彩霞」，此四部位象徵一個人的志氣，只要觀其走向（即眉型），便可化解此君性情、本質特點等密碼。公司主事者用此來衡量部屬的本事和能耐，相信「雖不中，亦不遠矣」。

眉型大致可區分成以下八種。

一字眉：眉毛頭尾粗細相同，其狀如「一」字。有一字眉者，性情必耿直，不喜歡協調，以己意行事，且鬥志高昂，一旦冒犯他，將不死不休，沒完沒了。如果是女性，其眉又甚清，非為「女強人」即是「強女人」。執著之外，手腕亦活絡，能化干戈為玉帛，讓屬下心悅誠服。

偃月眉：眉頭高起，眉尾上拂天倉（即額頭兩側），或者斜入鬢際，而且首尾呼應，都主壯志凌霄，敢作敢當，頗能發展出一番遠大抱負之相。更因其剛直好勇，富正義感，每打抱不平，濟弱扶傾，絕不輕易屈服，有古俠士之風。常會得罪當道，雖落得碰壁受氣的下場，但能得人望，一呼百諾。此眉眉頭忌過高，尤忌逆生。凡過高者，多桀驁不馴，惹一身腥羶；逆生者，頻招災惹禍，被別人陷害。此外，此眉眉尾大忌飛揚，更忌散亂。一旦飛揚，則以自我為中心，睥睨群雄，跋扈自肆，必多樹敵；散亂之人，每任性妄為，徒惹禍患。以上四者，皆屬不令之相，用之宜慎。

一字眉：性情耿直，不愛協調，鬥志高昂。

【偃月眉者敢做敢當，富正義感，但以下四種是不好之相。】

1.眉頭過高：桀驁難馴，喜強出頭。

2.眉毛逆生：惹是生非，遭人陷害。

3.眉毛飛揚：跋扈不群，容易樹敵。

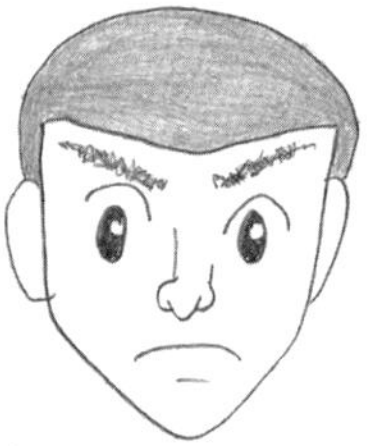

4.眉毛散亂：任性妄為，常惹禍害。

八字眉：眉頭高起，眉尾低下，形如「八」字。此君長袖善舞，和靄可親，唯性稍怯，長於表演、安排，適合出任公關、接待之職。如眉疏尾散，則會用情不專，加上眼睛無神，肯定心無定見，有怕事、懼內傾向。

柳葉眉：眉形「八」字狀，似垂下柳葉，毛軟且柔。有此眉型者，缺乏

八字眉：長袖善舞，性和稍怯，適合公關。

剛正性格，感情脆弱，優柔寡斷，望似好好先生，實難堪大用。若眼神清秀，尚不失為才智之士，可充機要、顧問或董事之職，或者舞文弄墨，當個企畫人才。但絕不宜獨當一面，出任艱鉅。眼神昏濁，更是糟糕，吃虧受辱之事，勢必層出不窮。尤需注意的是，若眉稜骨陡起，加上眉毛如此，將是個色厲內荏之輩，幾乎一無是處。誠如諸葛亮譏笑江東人物，所謂「坐議立談，無人可及；臨事應變，百無一能」。不過，柳葉眉可是登徒子之流，連哄帶騙，屢屢得手。因此「眉毛婆娑，主得美妻」之說，絕非空穴來風。辦公室裡有漂亮美女，且有此君窮攪和，恐平生無數波瀾，鬧得個雞犬不寧。

三角眉：富謀略，鬥智而不鬥力。

三角眉：眉頭眉尾尖細，但從中部位寬厚濃密，如正銳角三角型。具有此眉的人，必富智謀勇略，能靠鬥智取勝。稜角越銳利，手段越強烈，適合擔任武職，胡志明、郝柏村皆為其中佼佼者。反之，稜角越不明顯，身段必柔

柳葉眉：優柔寡斷，感情脆弱，可當機要。

新月眉：待人誠懇，開朗快樂，頗有才華。

軟，意志則十分堅定；目前中共領導人胡錦濤，堪為此相代表人物。

新月眉：眉彎如新月。有此眉者，誠懇純潔，明朗快樂，富文藝才華，宜出任公關、企畫及撰寫方面的職務。不過，此眉不可太細，細者另名「春心眉」，乃聰明虛偽、膽小貪色之輩，兩者相去，不啻千里。

羅漢眉：眉毛首尾同寬，既粗且濃，雖叢雜橫生，但順朗有氣。此君家庭運差，不宜從商，倒是可在宗教或慈善事業中，出人頭地。若在這方面的基金會任職，也可勝任愉快。

乀字眉：眉頭先上昂至眉中、眉尾再陡然下垂，狀如注音符號的「乀」。此眉形整齊有勢且眼神澄澈者，自尊心特強，吾心信其可行，

羅漢眉：眉雖叢雜而順，宜走慈善事業。

必排除萬難，不勝不止，不贏不休。如女性有此眉，多為女中丈夫，夫妻爭執，絕不認輸，甚且獅吼河東。不過，在公事上，不會如此霸道，反而貫徹堅毅，不是省油的燈。

ㄟ字眉：自尊心強，絕不輕易罷休。

觀眉取才

眉毛的毛性，是先天性格及運勢好壞的重要線索，
眉濃是培育高級幹部的上選人才，
眉尾疏散稀薄，情緒化而任性，不宜理財，
眉毛直立，乃功利主義者，縱然是個幹才，但人際關係差，
眉毛逆生、叢雜散亂、中段部位突然中斷者，皆非可用人選。

眉毛為五官之一，且為人類所獨有，《神相水鏡集》便云：「藏精於骨，現精於眉。」所以，眉毛是人的「精華」及「精神」的顯現。因此，一個人得意之時，我們以「揚眉吐氣」稱之，即是此理。另，就眉毛的毛性觀察，確實可以看出一個人的先天性格及運勢好壞等重要線索，公司進用人才應再三留意。

濃眉：眉濃者，肝氣必旺，個性較強，獨來獨往。如眉濃有彩，多而不

濃眉：肝氣甚旺，個性頗強，獨來獨往。

凝滯，或毛長有起伏，或毛短有神氣，即可獨當一面。想要培育高級幹部，此為上選人才之一。

秀瑩：指眉毛清秀而不黃濁，潤澤且有光彩，有此眉者，不但聰慧，也主年少聞達，值得栽培。

尾散：指眉尾疏散稀薄。由於眉頭象徵感性，眉尾代表理智，當理智不能駕馭感情時，為人必情緒化，非常任性。眉尾幾乎不見者，情況尤其嚴重。一旦衝動，每失理智，不計後果，即使玉石俱焚，亦在所不惜。給他理財管錢，更是糟糕透頂。如果僅是略散，則是性情中人，慷慨豪爽，富熱情，重道義，最大的缺點是易感情用事，臨事常欠考慮，不會度德量力，每予人志大才疏、輕諾寡信之感。以致創業精神有餘，但乏之守成能耐。切不可讓他從事接待客戶或售後服務等工作，每易弄巧成拙，結果適得其反。

秀瑩：既聰明且有智慧，年少即出人頭地。

尾散：較情緒化，創業精神有餘，守成能耐不足。

毛直：功利掛帥，不擇手段，人緣較差。

叢雜散亂：眉毛粗硬者劣，監守自盜，為非作歹。

毛直：此情形常見於眉頭，若整個眉毛皆如此，好似槍戟林立般，此乃功利主義者，天生性狠，為了目的，可以不擇手段，縱然是個幹才，但人際關係甚差，應該綜合評量。

毛逆：眉毛逆生，每有不測之災，並與幸運之神失之交臂，有時還會招惹是非。需要手氣的工作，此君千萬用不得。

叢雜散亂：此眉粗而無文，形如潑墨，浮光而無彩，是下愚沒出息之相。如果眉毛挺直而粗硬，那就更糟，此人一定賦有老虎與豬的雙重性格，監守自盜，為非作歹。

螺旋眉：毛上有螺旋，是打頭陣的好角色，逢山開路，遇水搭橋，是個

毛逆：運氣甚差，常有不測或惹是生非。

先鋒官的上上人選。性剛強勇猛，會義無反顧。另，有謂左旋剋父（含男上司），右旋剋母（含女主管）。此剋是無緣或頂撞的意思，由於古人看相，強調男左女右，故有此一觀點，經我再三印證，確非無的放矢。

螺旋眉：剛強勇猛，義無反顧，宜打頭陣。

間斷眉：指中段部位突然中斷，或紋理直下，把眉毛區隔為兩截。具此相者，個性剛直，嚴以律己外，亦苛於責人，理智遠遠超過感情。平日生活亦寡言笑，幾近冷僻，即使是夫妻，也少有溫情，何況是同僚？正因其不近人情，故多勞碌，頻生波折，往往禍福相倚，好運與歹運連袂而來。若天庭飽滿、目光澄澈，尚可因專注研究而有成就。若鼻骨高起、兩顴分張，將是個卓越不凡、足為表率的領導者。如果頭低額窄，眉毛本身亦枯澀黃薄，必定困頓終身，終至一事無成，只有暗自扼腕。

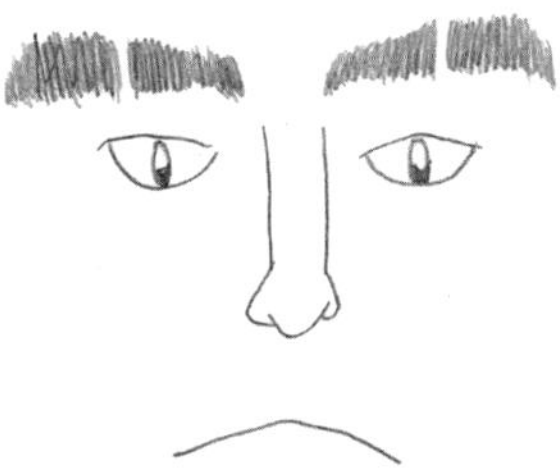

間斷眉：個性冷僻，嚴以律己，苛於責人。

眉骨高低看才幹

眉骨過高，必是狂狷之徒，雖有遠志卻放蕩不羈；
眉骨平起，善於協調，辦事有條有理；
眉骨低凹，最忌如此，強烈的自卑感與報復心很難與人相容。

眉骨位於眼睛的上方，因眉毛附著其上而得名。此部位如果發達而高出，即謂眉稜骨起（註：凡物凸起而有角稱稜）；如果平坦有勢，稱眉骨平起；如果低陷，就叫眉骨低凹。

眉骨高低是關鍵

由於此部位的高、平、低，對一個人的性向及氣度，有絕大的影響，因此，閣下在進用、拔擢人才或指派任務時，打從這裡入手，應可立即判斷出此君是否堪用？任務能否圓滿達成？下面所舉的這些原則，保證是您不錯的參考指標。

一、眉稜骨起：依《人倫大統賦》的說法，凡是有此相者，必是個狂狷之徒。狂狷二字，出自《論語》。云：「不得中行而與之，必也狂狷乎？狂者進取，狷者有所不為也。」換句話說，此君多半是個性極強易欠缺修養的人。就好的方面來講，有遠志，好大言，勇敢而富自信。可惜常燥急善怒，不能從俗，而且不甘寂寞。如果才氣縱橫，那就更難相處了，每會恃才傲物，個性放蕩不羈，以致知其進而不知其退，等到自取其咎，往往後悔莫及。不過，此相固然「傲慢與偏見」並存，但仍有幾分傲骨，不會趨炎附勢、同流合污，只要以「理」（含專業素養）服之，他的那股擰勁兒，正是「擇善固執」之具體寫照。唯其如此，才能堅持既定目標，勇往直前，力排萬難，務必達成使命而後已。

二、眉骨平起：這是文明人，善於溝通協調，處世態度平和，不會唯力是視。由他理性交涉，鐵定收效甚宏。若一對眉毛恰如其分、安安穩穩

眉稜骨起：個性強，有傲骨，能擇善固執，但恃才傲物。

眉骨平起：辦事條理分明，善於溝通協調。

的長在其上，處理瑣碎的事物，必有條有理，井然有序。

眉骨低凹：常懷有自卑感，報復心強。

三、眉骨低凹：眉骨最忌此相。凡低凹者，多半患有嚴重的自卑感，同時又有強烈的報復心。就其本身的際遇而言，若非在身世上曾有難言創痛，不然，就在精神上遭受過連續而沈重的打擊，有以致之。故《人倫大統賦》謂其「狠愎者，低凹其骨」，算是持平之論。其特點為狠戾而殘忍，不是喜歡一意孤行，就是愛唱反調，專門和人作對。

眉骨低凹者再看眉型

眉骨低凹者，因眉毛的型態不同，又有如下的四種觀察：

一、眉骨低凹、眉毛清秀疏朗且向上昂揚的人：多意氣用事，不易接納別人意見，當發覺是自己不對時，不但文過飾非，而且死不認錯，簡直

眉骨低凹、眉毛清秀疏朗且向上昂揚者：常意氣用事，每自以為是，且死不認錯。

無法溝通。此君或能有所成就，但因這一個性，往往不得善終，假使身敗名裂，也是意料中事。

二、眉骨低凹而眉毛低垂向下者：望之到處打躬作揖，猛陪笑臉。起初會以為他是個老實人，後來則認為他是懦夫。其實，都錯啦！這種人乃是不折不扣的小人，專向有權有勢人士卑躬屈膝、逢迎諂媚，可以容忍任何的屈辱。然而一旦為了個人的利益，他可就老實不客氣，絕不輕言放棄，反而要別人享受「犧牲」之「樂趣」。萬萬會犧牲別人，以成全自己的。且在他的心目中，「以怨報德」這檔子事，只是家常便飯。

三、眉骨低凹而眉毛平順疏秀的人：此君非常小心眼，個性陰沈冷僻，不怎麼和人打交道，但有小怨、小恨必報，很容易因外來的刺激而將自己逼上絕路。做出一些不度德量力及不盡人情的事來，讓人膽戰心驚。

四、眉骨低凹、但眉不附骨者：不管眉毛粗細濃疏，都具有雙重性格。

眉骨低凹而眉毛低垂向下者：能屈能伸，善於逢迎諂媚。

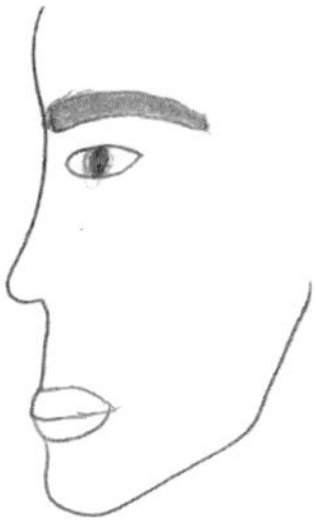

眉骨低凹而眉毛平順疏秀者：個性陰沈冷僻，小仇必報，得罪不得。

眉骨低凹、但眉不附骨者：具雙重性格，多疑而善變，常表裏不一。

一會兒對你推心置腹，隔會兒便對你視同陌路，多疑而善變，表裡每不一，使人無法捉摸，真是個麻煩又危險的人物。觀其一生，多半在矛盾中度過。進用如此人士，不論是對公司行號或員工而言，都是個重傷害。

從眼神選人才

中醫認為五臟六腑的精氣上注於目，目能視萬物、辨五色。觀察眼神，可以看出一個人的先天稟賦、才具、能耐及健康狀態，準確度之高，堪稱相法第一。公司拔擢人才尤需用心於此。

觀察眼神時，切勿為表象所惑，有的人目光靈活生動，如珠走盤，人愈多的場合，愈能提高他的興致，放言高論，旁若無人，那股顧盼自雄的氣概，彷佛不可一世。會讓人以為他才華橫溢，是不可多得的人才。究其實，此君華而不實，所發表的「高見」，多半拾人牙慧，加以揣測臆度，再據為己有。更何況他老兄桀驁不馴，居上位看不起下僚，當部屬會頂撞上司，以示不凡（若眼睛細小、顴骨橫張或高聳，更驗）。進用此人尚且宜慎，豈能輕率賦予重任？

相學經典名著《人倫大統賦》拈出「英眸兮掣電，豪氣兮吐虹」之旨，相學家綠園主人曾就此句闡述精義，他指出：所謂「英眸」，是指眼睛神采照人，瞻視有力；「掣電」是形容眼睛的動態，表現得強而有力。有這種掣電似的英眸，必然有高度的智慧和識見。文中「豪氣」指的是豪邁的才氣，此一氣慨只有在磊落的言辭和崢嶸的志節中可以表現出來。至於「吐虹」一詞，意指這種氣慨一如長虹貫日，有異乎常人的光采及力量。

然而，閱人無數的綠園主人，表示要求全責備，恐怕踏破鐵鞋無覓處，倒是以下三種人，稱得上庶幾近之。

豪俠亢爽型：雙目炯炯，眉宇之間流露一股英爽氣象。面型多屬長方，圓形的也有，但一定肌肉結實，皮膚緊張。富感情，重信義，不易為巧言令色所惑。一旦受情感或義氣鼓舞，必定千金一諾，傾全力相助，絕不計較任何利害。出任領導幹部，不僅政通人和，而且大有可為。

性情剛毅型：形貌大半瘦長，氣色多青而帶白，顯得勞碌風霜，但英銳的眼神顯得沈著，狀貌在幹練中處處露出倔強。做決定前總要深思默慮，不為旁人的讒言所動，既經決定，任何險阻也不能阻撓他。能忍他人所不能忍、能擔別人不敢擔。膽氣豪壯，氣度深沈，志趣遠大，吃的苦頭自然比別人多，他卻不以為意，正是「天將降大任於是人也」的典型。每自己帶頭幹，加上度德量力，能得屬下力挺，造就亮麗業績。

天真粗豪型：濃眉大眼，神強骨壯，體幹粗獷，舉止椎魯，是「一根腸子通到底」的粗線條人物，「思想比較簡單，既不會逢迎諂媚，更不會投機取巧，討厭繁文縟節，不喜歡拘束，答應的萬死不辭，真正做到富貴不能淫，威武不能屈。天地間的正氣，往往就獨鍾於斯人。」有他把關相助，保證如虎添翼。

在這個利益掛帥、利害相結的年代，幾乎「無商不奸」，更凸顯「信義」此一情操的可貴。以上這三種人都重承諾、講義氣，當閣下縱橫商場時，有幸遇此仁兄，自應努力把握，如果有此部屬，更該膺予重任。

瞳仁過小惹是生非

眼睛主要分成眼白和黑眼珠這兩部分，是相人術的觀察重點，也是企業用人取才時，不可輕忽的環節。此一黑白組合之比例、眼睛的凹凸，不但觀察容易，而且準確度極高。

觀察眼白和黑眼珠的組合，主要為「比例大小」及「側觀凹凸」。一般而言，眼球的比例越大，個性就越穩定，謹守本分，不會越俎代庖。反之，則個性不夠沈著穩定，容易見異思遷，讓人無從捉摸。其中，上三白、下三白及四全白者，心術往往不正，容易惹是生非，鬧得雞犬不寧。上三白眼是指虹膜上方有眼白。具此相者，非但有神經質的傾向，一切以自我為中心，且暴躁易怒，盛怒時易有粗暴行為，很難與之相處。下三白眼是指虹膜下方有眼白。此君雖有神經質傾向，有強烈的

【眼白比例不佳的三種狀況】

上三白：具神經質，暴燥易怒，凡事自以為是。

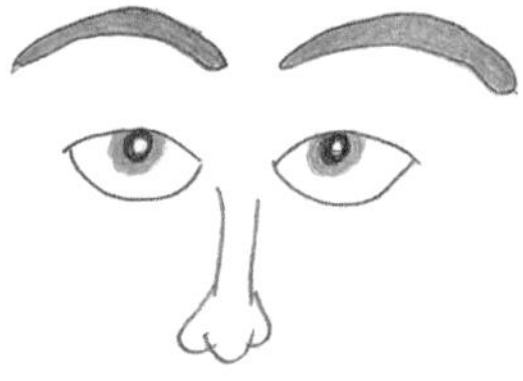

下三白：有神經質，較難溝通，以自我為中心。

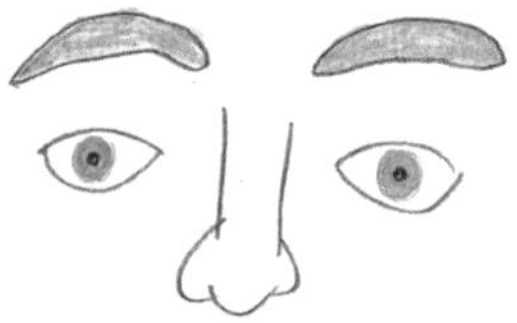

四全白：腦袋靈活，富決斷力，是個梟雄。

自我意識，但比起上三白眼的老兄，還算容易溝通，較能被人接納。

四全白是指虹膜四側皆有眼白，甚為罕見。具有四全白眼者，腦袋靈活，目光敏銳，富才能及決斷力，而且善於領導管理，可以擔當大任。不過，他很難搞定，放手任其施為，反而容易收效，如果遇事掣肘，鐵定鬧得不可開交。此人善變、要求多且不留情面，部屬不好共事，身為人事主管，應協助該部門員工做好情緒管理，免得那天失控，一發不可收拾。

從側面觀察，可明顯看出眼睛的凹與凸。

眼睛外凸：眼球何以會凸出？根據醫學及相學研究，大抵有以下四種狀況：一是罹患甲狀腺機能亢進；二是近視，以致水晶體向前凸出；三是性能力特別旺盛，因此眼球的前房水和後房水特別多；四是話說太多，造成眼球後面的說話神經發達，因而推動眼球向前突出。

基本上，前兩者為病理情形，在此撇開不談；第三種情形，相經上稱為「桃花眼」，因其慣於拈花惹草，辦公室有這等角色，小心引爆桃色危機；至於第四種情形的人，則是個大嘴巴，內心藏不住話，口無遮攔，交辦機密業務，謹慎為宜。

眼睛微凸：喜怒不形於色，與人相處融洽，是個八面玲瓏、善於交際的人，在社交場合風頭極健，出任公關一職，頗能發揮所長。

眼睛外凸：純就個性而言，除拈花惹草外，更是口無遮攔。

眼睛微凸：喜怒不形於色，八面玲瓏，擅長公關。

眼睛凹下：個性執拗，心思細密，適合研究工作。

眼睛凹下：這絕非眼球整個下陷，而是眉毛附著其上的眉稜骨隆起，且上眼瞼狹長肉薄，以致看起來像眼睛凹下。有此相者，個性執拗，不善處理人際關係，但心思細密，加上長於分析、肯下苦功，適合擔任研究工作，從事企劃將能發揮所長。

目光獨到掌人事

企業進用人事主管，須先確認他們是否目光獨到、具有調停能力，而且可以不辭辛苦，任勞任怨；鉅細靡遺，有條不紊。此獨到的目光，就在眼神、眉宇之間。

人事部門可說是公司的骨幹，其功能發揮對公司的興衰，有關鍵性影響。人事部門主要的工作，是為公司舉才，接著使他們適得其所、安於工作。目光獨到，才能拔擢真才並讓人才盡其所能。此獨到的目光，可從以下的特徵，瞧出些許端倪。

一、**眼神澄澈**：眼睛號稱心靈之窗，一個人內心的美醜，無不由此洩露於外。因此，兩目澄澈如寒潭之水，且一清到底的人，所見者遠，所持者大，絕不自恃己見，能夠客觀論斷。他在進用人才時，自有獨得之秘，而且能秉公處置。

二、眼球黑白分明：眼睛的黑眼球及白眼球潤澤而分明，剖析能力高強，能看透事物本原。正因為看得準，才能人盡其用，擺對位子。

三、眉宇寬廣：眉宇寬廣，不僅指眉毛這一部位宜形勢開展寬舒，眉毛正好落在眉骨之上，還得注意眉毛上下左右的形勢。具體言之，眉毛上方的部位，必須骨氣豐滿；兩眉之間的部位，宜平闊、忌逼窄、忌眉頭相連；眉毛尾稍的部位，宜隆起寬大；兩眉之下的部位，應該留有餘地，不宜過低壓眼且乾陷。

以上這些條件，如果全部具備，即是寬廣之相。具此相者，必有遠見，明進退，識順逆。於明哲保身之外，尚可精嫻人事，為公司舉良才，並使之各安於位。

欲調停人事，平怨止爭，手腕必須高明，兩造才會服氣。此高明手腕多半來自閱歷，但調停者的EQ卻是與生俱來，只要有耳圓而成之相，即是當和事佬的上上人選。耳圓而成，就是耳的外輪、內廓及下垂的垂珠，均輪廓明顯，弧線圓滿。具此相者，身心健康，個性平和穩定，才可因和生慧，善處人事。

就調停者高明的手腕而言，之所以能應付裕如，其關鍵在體力。體能好，應付起事情，才不會心餘力絀。體能好的先決條件，不外健康。雙目炯炯，煥然有采；顴骨高昂，其勢入耳；耳朵堅硬，耳後骨起；耳廓寬闊，內長毫毛；鼻樑豐隆，其狀挺拔；法令紋長，深而明顯；人中深長；聲響有韻等等，都是健康的象徵。具有此一先天優勢，也較易排除障礙。如就調停者的EQ觀之，想要得心應手，著眼點則在思路。只有思路明晰，處理繁複問題，才會駕輕就熟。而思路明晰的首要條件，當然是頭腦清楚。先前提到的眼神澄澈，眉宇寬廣等都是。

此外，前額有偃月之勢（印堂豐滿，雙峰聳入天倉，左右成環狀）及懸犀之象（正中額骨挺拔聳秀，如犀牛角伏匿般）的人，智力必然超群，若想唬弄他們，簡直比登天還難。

木 火 土 金 水

這種鼻子能管錢

看鼻頭、鼻翼、鼻樑的長相，便知一個人的理財功力，懸膽鼻、胡羊鼻、蒜頭鼻及袋鼻都是財務會計的上上之選。

企業永續經營的首要條件，就是財源不虞匱乏，儘量不出狀況。一旦資金吃緊，不僅影響公司生存，改變公司體質；嚴重的話，甚至棄車保帥，來個救亡圖存。因此，掌管公司命脈的財務人員，其專業能力與忠貞程度，確為企業有力屏障。用之得人，非但帳面清楚，同時資金活絡，能有一番作為；反之，將使公司陷於泥淖，甚至發生捲款潛逃情事，蒙受損失。所以，選擇會計、出納部門主管，尤須小心謹慎，絕不可等閒視之。

大體言之，前者掌管預算、審核及帳務，由於在置高點上，偏戰略層次；後者著力在記帳與收支，偏重技術面，屬戰術層次。因此，兩者所挑選的人才自然不同。會計以統籌財務為主，得嫻熟相關法規，善於分配錢財，精於流通運用；出納除了心細，還是心細。

適合擔任會計之相，約有以下幾種，且以看鼻為主。俗話說：「有土斯有財。」鼻在五行中，屬土星，代表財帛宮，尤以鼻準（即鼻頭）為驗，氣色宜明黃，最忌尖垂或氣色焦赤。而宜出掌財權之人，莫過有懸膽鼻、胡羊鼻、蒜頭鼻及袋鼻等鼻型。

一、懸膽鼻：此鼻的特色為準頭及鼻翼圓而厚，鼻柱細長，彎而有勢。有此者，不但對財務瞭若指掌，而且運用自如。古相書稱鼻子「圓如懸膽之形」，必「榮食鼎餗」，也就是所謂的「列鼎而食」，著實氣派非凡，其能出類拔萃，就在理財功力高人一等。

二、胡羊鼻：此型鼻子鼻柱挺拔，年上（即鼻樑上端）起節，鼻準圓而

懸膽鼻：鼻頭及鼻翼均圓而厚，鼻柱細長，彎而有勢。善於理財，能在財經界出類拔萃。

豐滿，鼻尖略向下垂，兩側鼻翼分明，山根（介於兩眼之間的部位）微低有勢。具此相者，每精明能幹，擅長理財，詳於擘畫，條理分明。

蒜頭鼻：鼻頭和鼻翼極為分明，形似蒜瓣，善於運用錢財，而且忠誠可靠。

三、蒜頭鼻：外觀和和懸膽鼻近似，但鼻準和鼻翼極分明，形如蒜瓣，是最大特徵。此為善於運用錢財、忠於職守、信用牢靠之相，將財務交由此君負責，應可高枕無憂。

四、袋鼻：此鼻似懸膽鼻，鼻樑略呈弧形，鼻尖略作鉤狀向下，鼻翼昂向上方，須雄強有勢。袋鼻俗稱「商人鼻」，西方人稱之「猶太鼻」。或許是猶太人善於經商，長於理財，加上精打細算之故。只是此君既刻薄又吝嗇，掌管財權可能引起其他部門的抗議或反彈。

至於適宜擔任出納之相，應以眼小者為第一優先。眼小者，大半謹慎精

胡羊鼻：鼻柱挺拔，鼻樑上端起節，鼻頭圓而豐滿，鼻尖略向下垂，善於分析經營，是理想的CEO（行政總裁）人選。

袋鼻：鼻梁略呈弧形，鼻尖似勾略下，鼻翼向上昂起。此君最善經商，精打細算，甚至刻薄。

細，理智沈著，有「涓涓細流，足成江海」的耐心，在其心細如髮打理下，帳面不可能出差錯。

木 火 土 金 水

劍鐔口君子鼻是最佳機要人選

老闆身邊需要忠誠的親密戰友、默契佳又專業能力強的祕書，於公於私都能安心交付的特別助理，這樣的人才要怎麼找？最佳的機要人選，都寫在臉上。

機要人員通常指董事長、總經理、副總經理的特別助理、秘書，及各部門主管的祕書或助理。他們不僅是老闆最好的幫手，也是最親密的戰友，是否稱職，關係至大。勝任機要人員者，除語言等專業能力，忠誠度和保密功夫，絕對不可或缺。「上」意不打折扣，絕不自作主張，亦是必須考慮的重要因素，否則遲早會出亂子。

稱職祕書之相

對老闆忠誠，是獲得信任的根本，唯有建立在此一基礎上，工作才能順暢無間，於公於私，合作愉快。以下所舉者，可放心交付任務。

一、劍鐔口：劍鐔即劍柄隔手處的環狀物。古劍之鐔多作覆盃狀，形寬厚而方正。凡口型如此者，必重道義，有信守，光明正大，忠於所事。據說清代宮廷內務府挑選內侍，必以此相為第一人選。

劍鐔口：注重道義信用，心思光明正大。

二、周匝稜利：這是指嘴巴的周圍線條形成明顯端正秀美的稜角狀。構成的條件有三，一是上下唇一定要大小厚薄相當，不能上唇蓋下唇，或下唇包上唇；二是嘴唇靜態時，絕對閉合緊湊；三是口角端正地微向上翹。果能如此，便是所謂的「仁信全」，這可是上蒼給予仁厚有信行者的榮譽標誌。

三、君子鼻：此鼻的特徵為，鼻柱高而不露骨，鼻頭渾圓有收，山根（

周匝稜利：宅心仁厚，講求信用，是個君子。

介於兩眼之間）寬而有勢。凡具此相者，為人正直，不畏強權，見弱不欺，有紳士風範，有忠主之心，加上條理分明，鐵定是絕佳幫手。

守本鼻：保守卻不迂腐，處事圓融明快。

鼻頭豐隆：個性隨和方正，敦厚誠實守信。

四、守本鼻：外形與君子鼻近似，稍微小一號，特徵是鼻長有勢，山根不斷，鼻翼分明，鼻孔不露。不論性情或處事態度上，均較君子鼻溫和，作風保守但不迂腐，處事圓熟且不拖沓，亦是忠貞有為的上相。

五、鼻頭豐隆：鼻準圓正而大，必個性隨和，為人正派，誠實敦厚，講究信用。

六、瞳孔黑褐色：據科技研究，人的瞳孔不能自主控制，常隨光線、情緒等發生變化。然而，它的基本色澤是不會改變的。瞳孔暗

君子鼻：為人正派，條理分明，紳士人也。

褐色者，較有責任感，思想前進開放，而且堅忍耐勞。

這三種人是禁忌

另，不能守密者，每讓老闆們放心不下，下面這三種人，就有洩密之虞。

口大而綽：好作大言，輕諾寡信，難委重任。

一、**口大而綽**：嘴巴大而開闔時缺乏彈性，或上下唇的輪廓線條粗略而無鋒稜，此乃好作大言，賦性浮誇，輕諾寡信之相。最大的特點是「取決一時，終少成事」，萬萬用不得。

二、**唇不遮齒**：嘴唇不能完全覆蓋牙齒，非但不能保密，而且容易招謗，引發是非。

三、**鬼牙**：牙齒稀稀落落，疏而不密，相學的術語叫「鬼牙」。有此相

唇不遮齒：無法保守秘密，招謗且惹是非。

者，最愛說三道四，傳播八卦。

又，從事機要工作，應徹底了解並貫徹老闆的意志，不能夾雜己意，擅作主張。性情耿直，不喜協調，好以己意行事的一字眉（即眉毛頭尾厚薄疏密如一的眉型），顯然就不適合擔任機要工作。

業務人才的選任

適合業務的人才形形色色，根據任務來選才，才能發揮戰鬥力。火形人是急先鋒，能短期見效，土形人任重道遠，穩紮穩打，有人以體力取勝，有人靠智力贏得先機，量才器使，業務必能一鳴驚人。

如果企畫是企業體的靈魂（即精神能量），那麼業務就是企業體的觸角（即延伸能力），兩者必須相輔，始能相成，畢竟，一個巴掌拍不響，唯有密切合作，才能落實企畫案或推銷產品。

比較起來，業務部門外向活潑，機動性強，為了達成業績，無不使出渾身解數，而且戲法人人會變，只是巧妙不同，故其展現的手法，是多面向的，無一定法則，無成例可循。但只要有心，便可望成功。在此且為以下這幾種業務類型進行剖析，盼各公司行號運用時，可以適才適所，充分發揮戰力。

一、**快速獲致成果型**：想在短期內達到目的，就得借重火形人及鳶肩者快速釋放出的能量，才能馬上奏效。

火形人特徵是「上（額）銳下（下巴）豐，骨露筋浮，色明紅潤，面赤鼻翹，耳豎露廓（內耳輪），髮捲鬚少，掌瘦指尖，聲音燥烈，性急語速，舉動輕捷，精神旺發」，脾氣雖然火爆點，卻可獨立作業，由於手腳俐落，很快達成交付任務，堪稱是急先鋒的典型。

鳶肩指雙肩上聳，狀如鳶鳥（註：其形像鷹，嘴較短，尾稍長，一稱鷂鷹，飛時彷彿靜止在空中，好作大迴旋）。此相較罕見，但頗有才幹，能迅速完成艱鉅且急迫的任務，只是恃才傲物，須有收伏之術。

二、**任重道遠型**：採深耕兼穩紮穩打做法，藉以「放長線釣大魚」，正因「一步一腳印」，成果豐碩而紮實。奉此法為圭臬的，莫過於土形人，主要特徵為「骨肉厚實，色黃頂（指頭頂）平，聲音沈促，四瀆（耳、目、口、鼻）渾厚，背隆如龜，坐立如石，掌厚指粗，紋少而深」。由於「一路走來，始終如一」，必博得顧客的信賴，進而樂與之打交道，業績自然好。

三、**勤快奔波型**：勤跑客戶，積極登門造訪，是連繫感情、拉攏客戶的不二法門，下半身比上半身長及眉低壓眼者，最擅用此招。下半身比上半身長者人數頗眾，多半不愛待在辦公室，喜歡到處逛，會主動安排行程，由點而線而面，稱得上是勞而有功。而眉低壓眼者個性較急，絕不守株待兔，在積極行動下，或許日起有功。

四、**以體力取勝型**：幹業務這一行，體力亦是重頭戲，否則很難與客戶周旋，而體力之好壞，首看臥蠶、淚堂（二者合稱子女宮，皆位居眼下，靠眼隆起處稱臥蠶，眼袋則叫淚堂）。臥蠶隆起，必精力過人，即使接連熬夜，也能甘之如飴，不會引以為苦。又，此君如臥蠶凹陷，眼袋青黑一如貓熊，鐵定體力長期虛耗，早已不堪負荷。

五、靠智力取勝型：此輩人奉行的準則是「寧以智取」，要在變幻莫測的商場中，爭一席之地，讓業績滿檔，非得有兩把刷子不可。而最能詮釋這種典型者，莫過於雌雄眼。所謂雌雄眼，就是兩眼呈水平狀，且左右大小不一。通常大眼者較熱情開放，敢衝敢撞；小眼則保守謹慎，守而勿失。兩者搭配得宜，自然能守能攻，收放自如。其特點為積極進取，精於世務，嫻熟「行」規，懂得借力使力，因勢利導，故能站穩腳跟，闖出一番天地。

以上林林總總，道出業務本質，本無優劣之分，只有量才器使，一旦擺對位置，必能一鳴驚人。

公關人才的特徵

什麼樣的面相具有超強親和力？
什麼樣的人長袖善舞、八面玲瓏？
有人天生就是公關人才，
他的「正桃花」，對公司而言，有百利無一害。

無可諱言，公關部門不但是公司行號的門面，也是負責裝扮的化妝師。它的表現，往往令人留下深刻的第一印象。運用得當，眾口交譽，萬善來歸；運用不當，即使登門，亦不入室。因此，這個部門最好用親和力強、手腕活絡的人，才能如魚得水、如虎添翼，建立公司行號的品牌，其作用不亞於活廣告。

親和力一強，便使人樂於接近，畢竟，只要接觸，就有機會，抓住機會，才好收成。親和力的形成，固有賴後天的努力，但有人與生俱來，一做起公關，每得心應手。一般來說，親和力強，可分為下面幾個觀察重點，能得其一，已有可為；得其二三，更見發揮。它絕對是多多益善，彼此相得益彰，助長揮灑空間。

擁有超強親和力

一、燕頷（W下巴）：所謂燕頷，就是下巴的中央部位凹進去，既像燕尾中分，又像英文字母「W」的形狀。生有此相的人不少，姑不論此君感情豐富，且能發揮自己的興趣，光是其過人的魅力，便頗可取。究其一生的艷遇，固較常人為多，但他通常不主動追求，一旦視瞻平正，就更懂得拿捏分寸，不會沉溺愛情之中而影響本身的工作，乃十足的「正桃花」，對公司而言，有百利而無一害。

燕頷：感情豐富，魅力過人，易有艷遇。

仰月口：生性樂觀，笑口迎人，近悅遠來。

二、仰月口：凡口角向上的人，先天個性樂觀，而且常帶笑容，使人心生好感，公關而有此相，不啻助力大增。

三、八字眉：眉毛似「八」字，多為和藹可親之輩，謙讓中不失身分。然而，此眉的眉毛需爽朗有氣，始能發揮長才。如眉毛疏散，每用情不專；若眉毛下垂一如柳葉者，乃好色貪淫之輩。這兩者，都是所謂的「爛桃花」，會招來無窮後患，未蒙其利，反受其害。

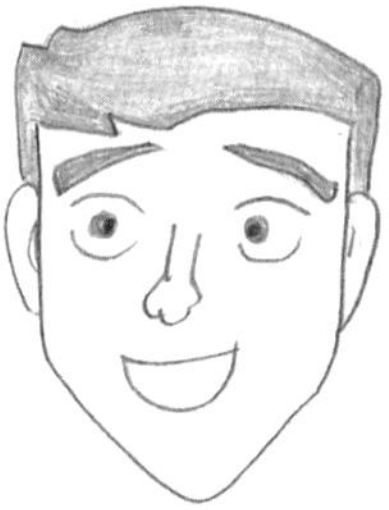

八字眉：和藹可親，謙沖有節，但仍須注意眉型。

四、眉長過眼：眉毛的長度超過眼睛，乃「寵榮」之徵，有利公關業務推動。不過，因眉毛毛性之不同，宜細加甄別。如眉毛昂揚有神或清秀有彩，皆為好的一面，能與他人或客戶合作無間，進而得其信任或關愛的眼神。假使眉毛叢雜或眉毛逆生者，易思緒錯亂，每自取咎，導致極大的副作用。

眉長過眼：長輩寵愛，享受光環，業務推動順遂。

五、耳白過面：此即耳朵比臉還白。古相書稱具此相者，能「天下聞名」。本身具備超人氣，有獨特魅力，甚利拓展及經營人脈。

善巧交際手腕

又，手腕活絡者，每擅打圓場，消弭禍害於將萌之際，且化危機為轉機。由此輩出任公關，對公司的助益，自不話下，以下兩種人，就有此能耐。

一、肩胛骨有痣：在肩胛骨或附近部位有痣（宜黑、宜紅）者，不僅喜擅交際，而且運用之妙，每能出人意表，製造利多機會，縱非旋乾轉坤，也能自抒新意，化解不利局勢。

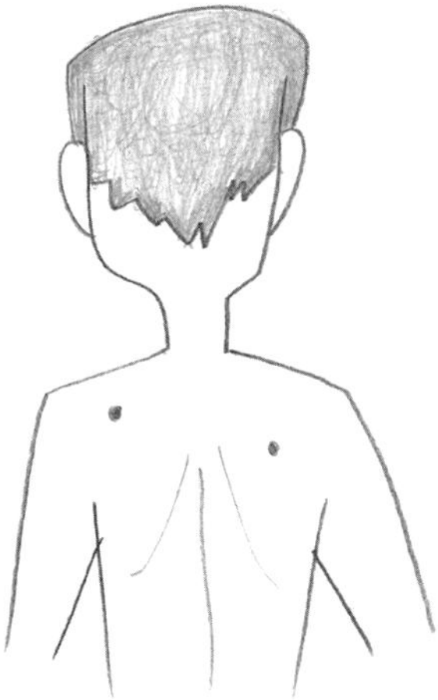

肩胛骨或附近有痣：擅長交際應酬，善解不利局面。

二、圓形臉：臉如圓形者，多半長於言詞，應答如流；而且善體人意，

圓形臉：應答如流，善體人意，長袖善舞。

體貼入微，是個長袖善舞、八面玲瓏的人物。擔任公關，每能勝任愉快，同時包君滿意，絕無後顧之憂。當然，這是指其人五官端正，而且眼睛神采照人，瞻視有力。如果五官或大或小，比例不甚相稱，加上眼睛矇然不清，那就得小心了。他或許「攘小利不先，赴小義恐後」，但骨子裡卻包藏禍心。其一副能幹狀，反而是不臣相，小心暗中搞鬼，弄到雞犬不寧。

天生一副企劃臉

是不是點子王，不妨看面相，
甲字臉長於謀略及數理，常識豐富，易觸類旁通，點子層出不窮。
魚尾紋秀長平直者，對文藝或技藝有高度興趣，從事企畫必如魚得水。
找企畫高手就要看眼蓋，再加上黑白分明、神采照人的眼睛，
那便是一等一的人選。

企業想保持競爭力，進而享有優勢地位，甚或獨占市場，其產品或方案，就得不斷推陳出新，切入社會脈動，掌握時代趨勢。因此，攸關企業興衰的企畫部門，便扮演承先啟後的角色，他們是企業最重要的無形資產，用之得人，後福無窮；反之，後患踵至。

稱職的企畫人員，除了點子多而新、腦筋靈活等主要條件外，更重要的

是，有顆經營頭腦。能先一步評估可行性，再找出著力點，經反覆推勘後，才能定出一套源頭活水、可長可久的企畫案，否則一味炒短線、搶頭香，即使嘗到小甜頭，終將為時代洪流所吞噬。

點子王的面相

點子多而新及腦筋靈活者，通常具備以下幾個特徵：

甲字臉：富智力，常識豐，能觸類旁通。

一、**甲字臉**：名相士陳淡埜曾說：「由甲申田同，王圓目用風，能明十字理，造化在其中。」所謂甲字臉，特徵為臉部下尖上圓。換句話說，就是前額寬廣，下巴尖削。基本上，上停（從髮際到兩眉之間的印堂部位）發達者，智力較優，長於謀略及數理，常識豐富，易觸類旁通，故能兼容並蓄，點子層出不窮。

二、木形人：由外表觀之，臉形長瘦，鼻子亦長，毛髮濃密。其特色為心思縝密，腦袋瓜清楚，善理清頭緒，且能擬妥中、長程計畫，稱得上有遠見。不過，近程計畫還是他的大才，既靈活多變，且看得精準。只是他老兄是個樂觀主義者，是否切實可行，尚有待進一步研究。

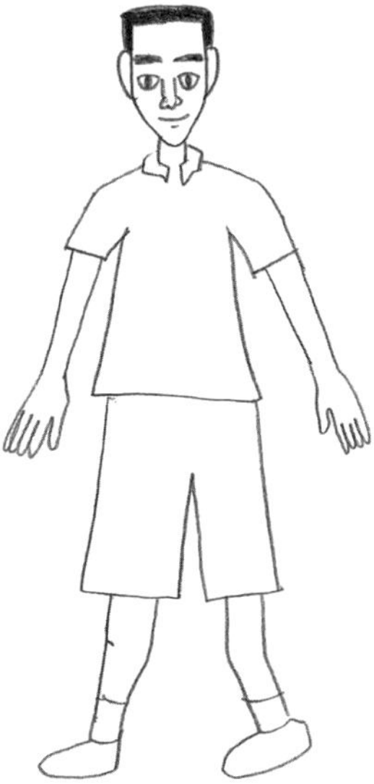

木形人：心思縝密，頭腦清楚，靈活多變。

三、尾後刀裁、唇若含丹：《人倫大統賦》說：「後尾有如刀裁，文斯博雅。」又說：「含丹多藝。」意即眼睛尾端的魚尾紋，秀長平直有如用刀裁過。此為聰明才俊者的特徵之一，對於文藝或技藝，有高度興趣，並獲致成就。其從事企畫，必如魚得水，有一番作為。

尾後刀裁：聰明且有才華，善於文藝、技藝。

含丹指的是嘴唇紅亮光鮮。有此相者，非但多才多藝，涉獵頗廣，且懂得精神上和物質上的享受，這樣的人所擬出來的企畫案才會符合人性，提高可行性，兼具高度與深度。

企畫高手之神采

有經營頭腦，才能洞悉企畫案的關鍵所在，權衡其中的利弊得失，不會流於空談。以下這兩種眼形的人，只要加上有對黑白分明、神采照人的眼睛，就是一等一的企畫高手。

前眥鉤曲：富謀略，善營運，能綜觀全局。

一、**前眥鉤曲：**眥指的是眼蓋，前眥是眼蓋靠近鼻樑的那一段。這個部位的線條，若彎長有如鉤曲狀，那可是個富於智謀、善於營運、能思慮周詳、能綜觀全局的人物。

二、**圓眥：**在此所指的是眼蓋圓秀一如拋物線，而不是整個眼眶皆渾圓成形。名相士張行簡指出，凡具有此相者，必「其機深於城府」。亦即此君雖長於應變，思慮敏捷，機智一流，但他城府極深，心懷難測。就好的一面觀之，有辦法打探到第一手情報，並迅速過濾分析，做出最有利的判斷。企業主若駕馭有方，讓這種人才專注工作，能力必能發揮得淋漓盡致。

企畫工作者所面臨的成王敗寇壓力，較其他部門更大。所以懂得調劑排遣，釋放部分壓力，轉為工作動力，才是安身立命、發揮長才的不二法門。

圓眥：城府深，難預測，規畫能力強。

作者後記

觀人相博大精深

中國的相人術源遠流長，包羅萬象。早在春秋時期，便在上層社會流行，立論極其權威，甚至左右人事。從戰國末期到秦漢之際，相人術體系逐漸確立，但歷代的著眼點每有不同，如兩漢特重骨相，魏晉南北朝則專門探討形狀，標新立異，蔚為奇觀。

到了唐宋元時期，相士的地位大為提升，備受朝野禮遇。風氣所及，不少士子競鑽此道，大量著作問世。據宋人鄭樵《通志‧藝文》上的載錄，即達七十三種之多。這時期的名作如《月波洞中記》、《玉管照神局》、《太清神鑑》和《人倫大統賦》等書，體系臻於完備，語義簡賅易讀，觀察的對象除面相外，並及於身體各部，甚至連人的聲音、舉止、動靜等，都在其研究範圍之內。

明清兩代，相人術與命理學結合，披上神祕外衣，爭為怪誕之說，廣在市井流行，遂使這門廣大精深的學術，品質粗糙不堪，格調庸俗卑下，終被視為不登大雅之堂的江湖末技。這段黑暗時期，又以明人鮑栗所撰《麻衣神相》及托名陳搏、袁忠徹訂正的《神相全編》最為風行。前者流為推衍臆測，後者則係集大成之作。兩者均乏卓見新義；幸有《冰鑑》一書問世，總算維正道於不墜。

我自弱冠即篤好相人之術，一見傾心，繼而探索，至今已超過四十年。長期不斷浸淫，一再悠遊其中，反覆咀嚼其味，總算略有小成。茲將近年來的一得之愚，分門別類，撰成本書，內容以實用為主，以學理為輔。前者著重務實，要能現學現賣，更要一眼看穿其來龍去脈，發揮最大的邊際效益；後者則側重根基，既要言之成理，且能有根有據並貫串古今，進而讓真相一一浮現。如能緊密結合實用及學理二者，相信一定可收相輔相成及相得益彰的絕佳效果。

而今坊間相學典籍充棟，細察內容，仍以手相學及面相學最為熱門。其中論述舉證，不無偏頗之病。是以本書之作，不似近人陳淡埜

《相理衡真》自序所云的「闡古人未發之先機，述古人未發之妙理」，而是縱貫先賢奇書，力求汰蕪存菁。以徵驗性及趣味性為主，靈活性及歸納性次之，冀盼閣下能本此發皇精奧，舉一反三，聞一知十，進而達到孟子所說的「仁、義、禮、智根於心，其生色也，睟然見於面，盎於背，施於四體，四體不言而喻」之最高境界。

識相

第一本結合面相與體相的識人秘笈

國家圖書館出版品預行編目資料

識相——第一本結合面相與體相的識人秘笈／朱振藩著；朱丹玥繪圖 ---.初版.— 臺北市 ；本事文化出版：本事文化發行， 2010〔民99〕

面 ； 公分.－
ISBN 978-986-86575-2-6
1.相書
293.2 99018937

作者 朱振藩
繪圖 朱丹玥
責任編輯 張碧員

發行人 陳蕙慧
副總經理 喻小敏
行銷部 闕志勳、吳幸雯、吳宜臻
業務部 尹子麟、沈昭明
版權部 王淑儀
法律顧問 北辰著作權事務所 嚴裕欽律師
出版 本事文化股份有限公司
台北市大安區和平東路一段258號8樓
電話：(02) 2363-9799 傳真：(02) 2363-9939
E-mail：motif@motifpress.com.tw
發行 本事文化股份有限公司
台北市大安區和平東路一段258號8樓
讀者服務專線：(02)2363-9799轉71~72
24小時傳真服務：(02)2363-9939
讀者服務信箱E-mail：motif@motifpress.com.tw

總經銷 大和書報圖書股份有限公司
電話：(02)8990-2588；8990-2568
傳真：(02)2290-1658：2290-1628
香港發行所 春華發行代理有限公司
地址：九龍油塘高輝道15號萬年工業大廈2樓A座
電話：(852)2775-0388 傳真：(852)2690-3898
網址：www.springsino.com.hk
馬新發行所 青城文化事業有限公司
地址：No.18 Jalan Perisa Satu, Taman Gembira, 58200 Kuala Lumpur.
電話：+603-79813177／79832177 傳真：+603-79827177
e-mail：ho@gfiction.com.my

封面設計 張士勇工作室
印刷 中原造像股份有限公司
定價 NT＄320 HK＄107

●2010（民99）10月初版
ISBN 978-986-86575-2-6